KB168691

10대를 위한 정치 토크

10대를 위한

정치 토크

내 손으로 바꾸는 정치 설명서

승지홍 지음

다른

들어가며

어른보다 더 어른스러운 10대를 위해

사람들이 어울려 살다 보면 여러 가지 갈등이 생깁니다. 힘든 시험이 끝나고 스트레스를 풀기 위해 무엇을 하고 놀지 이야기할 때도 그렇습니다.

친구들과 영화를 보러 갈 수도 있고 놀이공원에 갈 수도 있겠죠. 그런데 문제는 서로 의견이 다른 경우입니다. 어떤 친구는 근처 영화관에 가자 하고 어떤 친구는 오랜만에 놀이공원에 가자고 합니다. 여러분은 이럴 때 어떻게 하나요? 다투기 싫어서 양보하나요? 자신의 의견이 받아들여질 때까지 밀어붙이나요? 상대방의 의견을 존중하며 적절한 합의점을 찾을 때까지 의견을 나누나요?

바로 이런 모습이 '정치'입니다. 대통령과 국회의원이 나랏일을 하는 것만 정치가 아니에요. 말다툼이 벌어졌을 때 나서서 중재를 하는 것도, 가족회의를 통해 집안의 중요한 일을 결정하는 것도, 그리고 일상의 사소한 일까지 모두 정치입니다.

그런데 우리는 정치를 우리 이야기가 아니라고 생각합니다. 어른들은 모이면 매번 정치 이야기를 합니다. 이번에 정부에서 발표한 정책이 옳은지, 어떤 정당이 일을 잘하고 어떤 정당이 잘 못하는지, 이번 선거에서는 어떤 후보를 뽑아야 하는지를 놓고 서로 흥분하고 화를 내기도 하죠. 그런 광경을 보고 있노라면 정치는 골치 아프고 복잡한 그들만의 리그 같습니다.

신문을 펼쳐 봐도 그렇습니다. 개헌안, 인사 청문회, 국민 청원, 패스트트랙, 18세 선거권……. 보기만 해도 머리가 지끈거리는 말이 잔뜩 나옵니다. 뉴스에 나오는 소식 역시 무슨 말인지 도통 이해가 안 됩니다. 정치 용어는 생소하고 어느 편이 좋고 나쁜지 판단하기가 어렵습니다.

하지만 알고 보면 정치는 그렇게 복잡하거나 어렵지 않습니다. 그리고 우리와 상관없는 별나라 이야기도 아닙니다. 예를 들어 볼까요. 우리가 지켜야 하는 법은 정치인이 만듭니다. 편의점에서 일하는 알바생의 최저 임금은 정부가 정하고, 우리 부모님이 세금을 얼마 낼지 정하는 법은 국회에서 만듭니다. 아파트 가격이 오르고 내리는 데 영향을 주는 법도, 지하철과 버스 같은 대중교통 요금을 결정하는 법도 정치인이 만듭니다. 우리가 좋은 정치인을 뽑지 않으면 우리를 위한 법은 만들어지지 않겠죠.

2011년부터 시행된 게임 셧다운제도 그런 예입니다. 청소년의 수면 시간을 보장하기 위해 만든 이 법으로 만 16세 미만 청소년은 자정부터 오전 6시까지 국내에서 서비스되는 모든 온라인 게임을 할 수 없습니다. PC방에서 게임을 하다가도 밤 10시가 되면 나가야 합니다. 보호자와 같이 있는 경우가 아니라면요.

게임 셧다운제는 방송 같은 다른 콘텐츠 분야와 비교하면 형평성이 떨어지고, '사이버 통행 금지'라는 비판이 따라다닙니다. 또한 청소년과 부모, 게임 업계 종사자의 기본권을 침해한다는 주장도 많습니다.

이 사례를 보면 법 하나가 게임을 즐기는 개인은 물론이고 게임 산업 전체에도 큰 영향을 끼치고 있다는 것을 알 수 있습니다. 서로 상관없어 보였던 법과 게임이 사실 가까운 관계인 것이죠. 최근 정부가 셧다운제를 단계적으로 완화하겠다고 밝혔지만 모 국회의원이 발의한 셧다운제 폐지법은 20대 국회를 통과하지 못하고 폐기되었습니다.

정치가 과연 무엇인지, 나에게 정치란 어떤 의미인지 생각해 보는 것은 참 중요한 일입니다. 정치는 우리가 살아가는 모든 생활에 영향을 미치거든요. 여러분은 자신만의 꿈을 가지고 있을 거예요. 앞으로 여러분의 꿈을 마음껏 펼치기 위해서라도 정치에 관심을 가져야 합니다.

이 책은 이렇게 우리 생활 속에서 영향을 끼치는 정치 문제에 대한 궁금증을 풀어 주기 위해 썼습니다. 우선 사회적으로 자주 쟁점이 되는 이슈의 찬반 입장을 들어 봅니다. 1인 미디어가 퍼뜨리는 가짜 뉴스는 규제해야 할까요, 아니면 표현의 자유를 지켜 줘야 할까요? 국회의원 수는 늘리는 것이 좋을까요? 줄이는 것이 좋을까요? 청와대 국민 청원은 얼마나 실효성이 있을까요? 정치는 기성세대가 이끌어야 할까요, 청년세대가 이끌어야 할까요? 촛불 집회는 우리 사회에 어떤 영향을 끼쳤을까요? 각각의 찬반 입장을 객관적으로 전달하고 관련된 정치 개념을 쉽게 이해할 수 있도록 풀었습니다.

아울러 선거 가능 연령이 만 18세로 줄어듦에 따라 2020년부터 선거권을 행사하게 된 청소년을 위해 부록을 준비했습니다. 투표장에 가기 전 확인해야 하는 것부터, 용어 때문에 이해하기 어려웠던 각종 선거 제도, 우리나라 선거의 역사 등을 담았습니다.

정치와 관련된 역사, 문화 이야기도 넣었기 때문에 읽다 보면 정치가 더 흥미롭게 느껴질 것입니다. 이 책을 읽고 청소년이 자신의 입장을 가지고 자신의 관점으로 '정치'할 수 있다면 참 좋겠습니다.

여러분은 자신의 삶에 영향을 미치는 정치, 사회 문제에 목소리를 내는 성숙한 민주 사회의 구성원이 될 수 있습니다. 핵심을 찌르는 메시지를 던질 줄 아는 청소년은 어른보다 더 어른스러울 것입니다.

우리나라의 미래를 이끌어 나갈 주체는 바로 여러분입니다.

자, 그럼 지금부터 우리 흥미진진한 정치 토크 세계로 풍덩 빠져볼까요?

이 책을 잘 읽는 법

1단계

정치 이해도: 15%

각 장 첫 페이지의 신문 기사를 읽고 쟁점이 무엇인지 알아봅니다.

2단계

정치 이해도: 35%

찬성과 반대 입장을 읽고 논점을 파악합니다.

3단계

정치 이해도: 70%

본문을 따라 읽으며 자신의 입장을 세워 봅니다.

4단계

정치 이해도: 90%

부록까지 읽고 나는 어떻게 정치에 참여할 수 있을지 생각해 봅니다.

5단계

정치 이해도: 100%

마스터!

차례

1장

촛불 집회, 왜 하는 걸까?

민주주의에 직접 참여하는 일이다

VS

간접 민주주의에 맞지 않다

토크 vs 토크

촛불 집회, 왜 하는 걸까?

오늘도 촛불 집회는 진행 중

다른일보 **이시국 기자**

오늘도 서울 도심 곳곳에서 대규모 촛불 집회가 열렸다. 오후 2시 30분부터 서초동과 여의도 국회 앞으로 모인 시민들은 사법 개혁, 언론 개혁, 교육 개혁 등을 외치며 촛불 문화제를 열었다. 대형 스크린이 설치되었고 경찰은 통제선을 설치해 혹시 일어날지 모를 충돌과 사고를 방지했다.

촛불 집회에 참여한 시민들은 "대한민국 국민으로서 광장에 나와서 촛불을 드는 것은 당연한 권리"라며 목소리를 높였다. 반면 여의도를 지나던 한 시민은 "매주 시끄럽게 무슨 일인지 모르겠다"라며 "모든 사안을 이렇게 시위로 해결하려 하면 되겠나"라는 반응을 보였다.

찬성 입장 : 민주주의에 직접 참여하는 일이야!

이번 주말에 엄마랑 함께 촛불 집회에 다녀왔어. 나는 촛불 집회가 직접 민주주의의 새로운 모습이라 생각해. 시민 수만, 수십만 명이 자발적으로 참여해 국민의 뜻을 표출하는 현장에 있으면 어떤 쾌감 같은 것도 느껴져. 우리가 뽑은 대통령과 정치인이 우리의 의사를 대변하지 못한다면, 직접 행동에 나서야 하지 않겠어? 촛불 집회 자체가 바로 주권의 행사인 거야.

반대 입장 : 간접 민주주의에 맞지 않는 일이야!

주말에 가족 나들이를 갔다 오면서 우연히 촛불 집회 현장을 봤어. 여의도를 지나가는데 시위하는 사람들 때문에 차가 막히고 주변이 너무 소란스러웠어. 주변 주민은 밤늦게까지 잠도 못 자고 괴롭겠더라고. 정치적 의견은 충분히 지금 제도권 내에서도 표현할 수 있어. 오히려 요즘은 뭐든지 집회로 해결하려 하는 것 같아. 촛불 집회가 계속되면 사회 갈등이 커지고 이는 간접 민주주의에 맞지 않다고 봐. 무조건 비판만 하지 말고 후속 대책을 지켜보고 차분하게 기다리는 태도가 필요해.

◦ 깡깡깡 냄비 두드리는 시위대 ◦

여러분, 냄비 시위라는 말을 들어 보셨나요? 최근 칠레와 에콰도르 등 중남미 각국 길거리에서는 냄비를 두드리며 행진하는 사람들을 쉽게 볼 수 있습니다. 바로 중남미에서 계속해서 일어나고 있는 반정부 시위인데요. 시위 현장에 빠지지 않고 등장하는 물건이 '냄비'입니다.

중남미에서는 냄비를 두드리며 하는 시위를 카세롤라소cacerolazo라고 부릅니다. 카세롤라소는 스페인어로 '냄비를 두드린다'라는 뜻으로 텅 빈 냄비처럼 배 속이 비었다며 먹고살기 힘들다고 호소하는 시위입니다. 시위대는 프라이팬이나 주전자, 깡통 등 두드릴 수 있는 주방 용품을 모두 꺼내 들고 숟가락이나 포크, 국자로 시끄러운 소리를 내며 행진해요. 이 시끄러운 소리로 정부를 향해 국민의 소리에 귀 기울여 달라고 외치는 것이지요. 민심을 대변하는 냄비 시위는 중남미에서 항상 큰 정치적, 사회적 변화를 몰고 왔답니다.

이처럼 각국에는 저마다 자신의 주장을 전달하는 시위 방식이 있습니다. 중남미에서는 냄비를 두드리고 홍콩에서는 검은 셔츠를 입지요. 그렇다면 우리에게는 무엇이 있을까요? 그렇습니다. 촛불

2002년 2월 아르헨티나의 수도 부에노스아이레스 보스턴뱅크 본사 앞에서
사람들이 은행 계좌를 동결한 정부에 항의를 하고 있습니다.
이렇게 중남미에서는 시위를 할 때 냄비를 두드립니다.
ⓒw:es:Usuario:Barcex

이 있습니다. 우리나라는 어떤 국가적 사항이 있을 때마다 시민들이 촛불을 들고 모입니다. (태극기를 들고 모이는 시민들도 있습니다.) 이 장에서 살펴볼 촛불 집회는 우리 사회에 엄청난 정치적, 사회적 변화를 가져왔습니다. 그렇다면 우리나라에서는 어떻게 촛불 집회가 생겨났고 어떤 과정을 통해 의미를 가지게 되었는지 그 역사를 먼저 알아보도록 합시다!

촛불 들어 보셨나요?

일몰 후 시민들이 촛불을 들고 모입니다. 촛불이 하나둘 모일수록 물결이 점점 커집니다. 촛불 집회는 주로 야외에서 촛불을 들고 진행하는 시위의 한 형태입니다.

우리나라에서 촛불 집회는 문화제 성격을 띈 채 열리고 있습니다. 왜 시위를 문화제라고 부르냐고요? 이는 야간 시위를 금지하는 '집회 및 시위에 관한 법률' 때문입니다. '집회 및 시위에 관한 법률'에서는 해가 진 이후에 옥외(집 또는 건물의 밖)에서 집회나 시위를 하는 것을 금지하고 있으나 문화 행사 등은 예외로 인정합니다. 따라서 법률에 따른 제약을 뛰어넘기 위해 문화제라는 형식을 빌려

온 것이죠.

세계 최초의 촛불 집회는 1968년 5월 미국의 베트남전 반대 시위였습니다. 대학생과 시민이 모여 미국의 제국주의 전쟁에 반대하기 위해 비폭력, 평화 시위 수단으로 촛불을 밝힌 것이 그 시작이죠. 세계 최초의 촛불 집회가 반전 시위에서 시작한 것은 왜 하필 '촛불'인지 생각하게 합니다. 즉 전쟁과 같은 부당한 '큰불'에 저항하는 개인의 작은 의지를 '촛불'이 상징한다고 해석할 수 있지요.

그렇다면 우리나라에서는 언제부터 촛불 집회가 열렸을까요? 대한민국의 촛불 집회는 꽤 옛날부터 시작되었습니다. 1987년 6월 10일 민주 항쟁에서 평화 시위를 주장하는 촛불이 등장했고, 이후 1992년 PC 통신 하이텔의 유료화에 반대하는 네티즌의 촛불 집회가 소규모로 열렸습니다. 2002년 11월 경복궁과 광화문 앞에서는 두 여중생의 추모 집회가 열렸습니다. 경기도 양주 지방 도로에서 길을 가던 중학생 효순이와 미선이가 주한 미군의 장갑차에 깔려 그 자리에서 사망한 사건으로 일어난 집회였는데요. 미군 법정이 장갑차 운전병에게 무죄 판결을 내리면서 반미 시위의 성격을 띠게 되었고, 전국으로 확산되며 한·미 간 외교적 갈등이 생기기도 했습니다. 그럼에도 촛불 집회는 평화적 시위로서 국민의 지지를 받았고 대표적인 시위 문화로 자리 잡게 되었습니다.

2004년 3월에는 노무현 대통령 탄핵에 반대하는 촛불 집회가 열렸습니다. 당시 노무현 대통령이 열린우리당을 지지하는 발언을 했고 이것이 선거법 위반이라는 이유로 국회가 대한민국 헌정 사상 최초로 대통령 탄핵을 시도했지요. 하지만 서울 광화문 사거리에서 덕수궁 대한문까지 탄핵 반대를 외치는 촛불로 가득 찼고, 집회는 헌법재판소가 탄핵을 기각할 때까지 계속되었습니다.

2008년 이명박 정부가 시작된 직후에는 미국산 소고기 수입 문제 때문에 촛불 집회가 일어나기도 했습니다. 이후 촛불 집회는 2011년 대학생의 반값 등록금 촛불 집회, 2016년 박근혜 대통령 탄핵 집회를 거치며 우리나라 시위의 주요 방식으로 완전히 자리 잡았습니다.

◦ 대통령이 탄핵되기까지 ◦

2016년 박근혜 대통령 탄핵 촛불 집회의 배경을 살펴봅시다. 박근혜 대통령 취임 후 1년 뒤인 2014년 4월 16일 발생한 세월호 참사가 촛불 집회의 출발점이 되었다고 볼 수 있습니다. 제주도로 향하던 세월호가 침몰하면서 수학여행을 가던 학생들을 포함한 탑승

객 476명 가운데 304명이 사망했고 이 모습을 온 국민이 지켜봐야 했던 그날, 대통령의 비상식적인 대응과 무능한 정부의 모습에 국민이 분노한 것이죠. 여기에 백남기 농민이 2015년 11월 서울에서 열린 집회에 참가했다가 경찰이 쏜 물대포를 맞고 쓰러져 이듬해 숨을 거두는 사건이 일어납니다.

또 2016년 7월 이화여대 시위가 일어납니다. 이화여대가 학생 동의 없이 일방적으로 평생 교육 단과 대학을 지원하는 사업에 참여한 것에 학생들이 철회를 요구하며 학교 본관을 점거한 사건입니다. 학교와 학생 간 대치가 계속되던 중 최순실(최서원)의 자녀 정유라가 이화여대에 부정 입학을 했다는 의혹이 제기됩니다. 최순실은 박근혜 정부의 비선 실세(권력자 뒤에 숨어서 비공식적으로 권력을 행사하는 사람)로 지목된 인물이에요. 결국 이화여대 시위는 일명 '박근혜 최순실 게이트' 사건으로 이어집니다.

국민은 국가의 최고 지도자가 한 행동에 분노했습니다. 2016년 10월 2만 명으로 시작된 광화문 촛불 집회는 규모가 급속도로 커졌고, 이들의 구호는 점차 '국정 농단 규탄'에서 '박근혜 퇴진'으로 바뀌었어요. 2017년 3월 20차 집회까지 누적 1,600만 명을 돌파한 촛불 집회는 장기간 이어진 대규모 집회임에도 단 한 건의 폭력 사태도 일어나지 않은, 유례가 없는 비폭력 평화 집회였습니다.

촛불 집회에는 남녀노소 할 것 없이 다양한 시민이 함께했지만, 특히 청소년의 참여가 두드러졌습니다. 청소년들은 무대에 나와 구호를 외치고 연설을 했습니다. 어떤 청소년은 자신만의 깃발을 만들어 시위를 주도하기도 했습니다. 나이를 불문하고 모든 시민이 변화를 이루는 데 자기 몫을 다했지요.

이는 2016년 12월 국회가 대통령 탄핵 소추안(고급 공무원이 헌법이나 법률을 위배했을 경우 국가가 탄핵을 의논해 결정하는 안)을 가결하는 원동력이 됩니다. 이후 헌법재판소는 2017년 3월 10일 탄핵 심판 선고에서 만장일치로 탄핵 소추안을 받아들였고, 대한민국 헌정사상 최초의 현직 대통령 파면이라는 기록을 남겼습니다.

∘ 민주주의의 기본 원리 ∘

민주주의라는 말, 여러분도 많이 들어 보셨죠? 이 책에서도 앞으로 많이 나올 단어인데요. 여러분은 민주주의라는 말을 들으면 어떤 이미지가 떠오르나요? 저는 오케스트라가 연주하는 모습이 연상됩니다. 여러 사람이 다양한 악기를 연주하며 자신의 소리와 타인의 소리를 아우르는 모습은 감동적입니다. 어느 악기 하나 소외

되는 법 없이 자기 몫을 하고, 서로의 색깔을 존중하며 하나의 멋진 음악을 완성합니다. 민주주의도 이런 화음과 닮았습니다.

민주주의는 '인간의 존엄성 및 자유와 평등을 보장하는 제도'입니다. 너무 교과서적이고 뻔한 해석 같지요. 그런데 우리는 여기서 '제도'라는 표현에 주목해야 합니다. 민주주의에 맞는 정치를 하려면 여러 가지 원리와 제도가 필요합니다. 집을 지을 때 가장 먼저 주춧돌을 놓고 기둥을 세워야 튼튼한 집이 완성되듯, 나랏일을 할 때도 원리와 제도를 마련해야 하죠.

민주주의의 다섯 가지 기둥은 국민 주권, 대의제, 입헌주의, 권력 분립, 지방자치입니다. 민주주의를 이해하기 위해서 가장 중요하게 알아야 할 원리들이죠.

우선 **국민 주권**에 대해 알아볼까요? 옛날에는 왕이 나라의 주인이고 이것은 신의 뜻이라 여겼습니다. 저 멀리 영국과 프랑스 국왕은 이 '왕권신수설'을 근거로 교황과 로마 황제를 누르고 왕권을 확립했습니다. (왕권신수설을 바탕으로 군주에게 주권이 있다는 의미의 군주주권설이 등장하기도 했답니다.) 이 시절 인민은 왕에게 절대 복종해야 했습니다. 법과 제도가 존재하기는 했지만 장식에 불과했고 모든 것은 왕이 마음대로 결정했습니다. 프랑스 왕 루이 14세가 남겼다는 "짐이 곧 법이다"라는 말이 이를 잘 나타냅니다.

그런데 지금은 어떤가요? 이런 말을 하는 정치인이 있다면 다들 "큰일 날 소리!"라고 하겠지요. 국민이야말로 나라의 주인이니까요. 이를 국민 주권이라 합니다. 국민 주권의 원리는 대한민국 헌법 제1조에 새겨져 있습니다. "대한민국은 민주 공화국이다. 대한민국의 주권은 국민에게 있고, 모든 권력은 국민으로부터 나온다." 대한민국의 모든 권력은 '주인'인 우리에게서 나옵니다. 여기서 우리는 국민 전체를 가리킵니다.

그런데 여러분, 나라의 주인이 국민이라고 해서 중요한 사항을 결정할 때마다 모두가 모여 의견을 나누는 것이 가능할까요? 우리 사회는 아주 복잡하고 규모가 큽니다. 모든 국민이 직접 정치에 참여하기 힘듭니다. 그래서 선거를 통해 대표를 뽑고 그가 일을 하도

화가 이아생트 리고가 1701년에 그린 루이 14세의 초상화예요.
지금 같은 민주주의 시대에 대통령이 루이 14세처럼 굴면 정말 큰일이 나겠죠?

록 해 간접적으로 정치에 참여하지요. 이를 대표가 국민 대신 정치에 참여한다고 해서 대의 민주 정치라고 합니다. 줄여서 **대의제**입니다. 대표자를 선출해 그 사람이 국민이 의사를 대신하도록 하는 대의제는 간접 민주주의에서 꼭 있어야 하는 제도입니다. 대의제는 주로 의회를 통해 이루어지기 때문에 의회 민주주의라고도 합니다.

입헌주의는 국가 구성원이 합의해 제정한 헌법에 따라 국가를 운영하는 원리입니다. 법에 의한 지배를 의미하는 법치주의와 유사한 개념입니다. 법이라는 객관적인 통치 기준이 없다면 권력을 손에 쥔 사람이 마음대로 국가를 운영하면서 국민에게 나쁜 영향력을 행사할 것입니다. 마치 루이 14세처럼요. 입헌주의는 이를 방지하려는 정치 원리입니다.

그런데 하나의 국가 기관이 지나치게 강한 권력을 가지면 국민의 자유와 권리가 위협당하기 쉽습니다. 이를 방지하고자 여러 기관에 힘을 나눠 놓는 것을 **권력 분립**이라 합니다. 법을 정하는 권한은 입법부(국회)에, 법을 집행하는 권한은 행정부(청와대)에, 법을 적용하고 판단하는 권한은 사법부(법원)에 두지요. 권력을 분산하는 것은 서로 견제함으로써 권력을 균형 있게 가지기 위함입니다. 가위바위보 게임을 생각해 봅시다. 가위는 날카롭고, 바위는 묵직합니다. 보는 부드럽고요. 그래서 가위와 바위와 보는 어느 하나가 나머지 둘을 모두 제압할 수 없습니다. 이기는 상대가 있으면 지는 상대도 있지요. 서로 물고 물리는 가운데 균형을 이루게 됩니다.

마지막으로 지방자치 역시 민주주의의 원리 중 하나입니다. 중앙에 집중된 권력을 지방으로 분산시켜 지역 주민 스스로 자기가 살고 있는 지역 정치에 참여하도록 하는 것입니다. 이를 위해 도지사와 시장 등 지역의 대표와 지방자치 단체가 있습니다. 지방자치 제도는 여러 제도 중 주민이 직접 참여의 장을 펼칠 수 있다는 점에서 특히 의미가 있습니다.

◦ 좋은 촛불, 나쁜 촛불 ◦

이렇게 민주주의라는 좋은 제도가 있는데, 우리는 왜 굳이 추운 겨울에 광장까지 나와서 촛불을 드는 걸까요? 이를 이해하기 위해서는 최근 주목을 받고 있는 참여 민주주의의 개념을 살펴봐야 합니다. 참여 민주주의는 '다수가 의사 결정 과정에 자발적으로 참여하는 민주주의'를 뜻합니다. 촛불 집회도 이 참여 민주주의의 한 형태라고 볼 수 있습니다. 시민 한 사람 한 사람이 직접 촛불을 들고 광장에 나오는 행동 자체가 민주주의의 실현인 것이죠.

국민이 정치에 관심을 가지고 적극적으로 참여하지 않는다면, 정부가 국민의 의사에 반대되는 행위를 해도 그 책임을 물을 수 없습니다. 예를 들어 정부가 국민 건강 검진에 포함되는 항목을 대폭 축소하는 정책을 마련하고 이를 시행했다고 가정합시다. 복지 예산이 줄어들어 대다수의 국민이 큰 손해를 볼 것입니다. 하지만 정책이 제안되고 시행되기까지 누구도 관심을 가지지 않았다면 국민은 할 말이 없습니다. 정부가 국민의 의사에 반해서 정책을 마련하고 집행한 것이 아니기 때문이죠.

국민이 "내 알 바 아니다"라고 생각하면, 민주주의에 위기가 찾아옵니다. 결국 독재의 길이 열리는 것이죠. 과거 우리나라에서 벌어진 군사 독재와 반민주주의 정치 체제에 국민이 관심을 가지고 저항하지 않았다면, 우리는 여전히 독재 정권 아래에서 살고 있을지도 모릅니다.

다만 촛불 집회를 부정적으로 보는 사람들의 의견도 언뜻 타당한 면이 있습니다. 우선 불편함이 있습니다. 어느 한 신문사에서 조사한 결과 시위 때 들리는 소음은 80~90dB 정도로 소음이 심한 공사장 수준이라 합니다. 서울의 한 맹인 학교 학부모들은 아이들이 지팡이를 두드려 나는 소리로 위치와 방향을 감지하는데 매주

2017년 2월 마산에서 열린 촛불 집회 현장입니다.
이들은 추운 겨울에 무엇을 위해 촛불을 들었던 걸까요.
ⓒgoljh710

일어나는 시위 소음 때문에 등교를 할 수 없다고 호소하기도 했습니다. 시위가 많이 열리는 지역의 공공 기관에는 "잠 좀 자자"라는 민원이 쏟아집니다.

촛불 집회 비판론자 중에는 "말은 촛불 문화제지만 내용은 상당히 폭력적"이라고 비난하는 사람도 있습니다. 특히 전경(전투 경찰)과 의경(병역 기간 동안 군 복무 대신 업무 보조를 하는 경찰)을 아들로 둔 부모는 시민 토론회에서 촛불의 폭력성을 주장합니다. 언론에 "죄 없는 전·의경을 폭력 집단으로 몰고 갔다"라고 하소연도 합니다. 이들은 "촛불의 긍정적 측면을 인정한다 해도 더 이상 계속될 경우 국가와 정부의 정상적 기능을 마비시킬 것"이라고 말합니다. 또 "모든 사안을 촛불 집회로만 해결하려 들면 간접 민주주의는 완전히 무시될 수 있으니 정부에 국민의 뜻을 충분히 전달한 후 정부가 해결책을 내놓을 시간을 줄 필요가 있다"라고 주장합니다.

촛불 집회는 아직 현재 진행형입니다. 어떤 결말을 가져올지 예측하기에는 많은 변수가 숨어 있고, 그 성격과 의미를 두고 각계각층의 의견이 대립합니다. '인터넷을 매개로 한 직접 민주 정치의 태동'이라는 감동적인 칭찬부터 '특정 세력의 국정 흔들기'라는 최악의 비난까지 공존합니다. 집회 주도 세력을 두고도 '자발적인 일반 국민 참여론'과 '특정 세력 배후설' 등이 맞서고 있죠.

촛불은 자신의 몸을 불태워 주위를 밝게 비춘다는 점에서 희생을, 약한 바람에 꺼지면서도 여럿이 모이면 온 세상을 채운다는 점에서 결집을, 어둠 속에서도 빛을 잃지 않고 새벽을 기다린다는 점에서 꿈과 기원을 의미합니다. 용기 있는 작은 행동이 모이면 사회를 바꾸는 힘이 됩니다. 그런 점에서 촛불은 한국 정치의 역사에서 매우 중요한 터닝 포인트입니다.

촛불 집회에 참여하거나 하지 않거나 그것은 개개인의 선택입니다. 누구나 같은 사안에 다른 의견을 가질 수 있기 때문이죠. 그러나 우리의 선택이 무엇을 기준으로 한 것인지는 충분히 고민해 볼 문제입니다. 이 기준을 토대로 각자 나아갈 방향이 정해질 것입니다.

2장

국민 청원, 도움이 될까?

국민의 목소리를 내는 창구다

VS

다수의 의견에 휩쓸리기 쉽다

국민 청원, 도움이 될까?

수능 샤프 교체, 국민 청원까지 등장

다른일보 **이시국 기자**

8년 만에 바뀐 수능 샤프에 국민 청원까지 등장했다. 교육부에 따르면 오는 14일 치러지는 수능에는 지난해와 다른 제품의 샤프가 응시생에게 제공된다. 수능 샤프 제품이 바뀌는 것은 2012학년도 이후 8년 만이다.

한편 청와대 국민 청원 게시판에는 "수능 샤프 마음대로 바꾸지 마세요"라는 청원이 올라오기도 했다. 이에 네티즌들은 "얼마나 예민하면 이런 청원을 올렸겠냐", "국민 청원이 장난인 줄 아는 것 같다", "아무리 사소한 거라도 청원은 국민의 권리다" 등 다양한 반응을 보였다.

찬성 입장 : 국민 청원을 통해 우리의 목소리를 낼 수 있어!

나는 청와대 국민 청원 사이트를 아주 긍정적으로 보고 있어. 온라인으로 마음껏 자기주장을 펼칠 수 있으니까 얼마나 편하고 좋아. 국민은 국가에 문서로 청원을 할 수 있는 권리가 있어. 우리는 정부 기관이라면 어디든 청원권을 행사할 수 있고, 청와대도 그 대상이야. 그래서 많은 사람이 국민 청원 글을 올리는 것은 민주주의에 바람직한 일이야.

반대 입장 : 다수의 의견에 휩쓸리기 너무 쉬워!

취지는 좋지만 청와대 국민 청원은 부작용도 많아. 요즘 올라오는 청원을 본 적 있어? 수능 샤프를 바꾸지 말자는 것이 청원까지 할 일일까? 국민 청원은 한 사람의 민원을 들어주는 곳이 아니야. 무엇보다 가장 큰 문제는 다수의 의견에 휩쓸려 버린다는 것이야. 국민 청원 사이트는 어떤 사람을 과하게 공격하는 마녀사냥 놀이터가 되어 버렸어. 사람들의 관심은 많이 끌더라도 실제 문제 해결에는 도움이 안 되지. 오히려 청와대의 업무 부담만 커지고, 행정부로서 권위는 떨어지고 있어.

◦ 다 같은 민주주의가 아닙니다 ◦

고대 그리스 도시 국가에서 처음 민주주의가 시작되었을 때는 모든 유권자가 아크로폴리스 광장에 모여 토론하고 결정을 내렸습니다. 말 그대로 **'직접' 민주주의**를 했던 것이죠. 이는 당시 발언권과 투표권을 가진 시민이 6,000명에서 1만 명에 불과했기에 가능했습니다.

시간이 지나면서 고대 그리스의 직접 민주주의는 대표를 선출하고 이들에게 정치를 맡기는 **간접 민주주의**로 바뀌게 됩니다. 시민권을 가진 남자들이 한자리에 모여 정치를 하던 것이 국가가 커지면서 인구가 증가하고 영토가 넓어져 불가능해지고 말았죠. 이제 근대 이후 민주 국가 대부분은 간접 민주주의를 실시하고 있습니다.

간접 민주주의는 직접 민주주의의 한계, 즉 모든 국민이 국가의 모든 의사를 결정하는 것이 어렵다는 점을 극복하기 위해 도입한 제도입니다. 하지만 완벽한 대안은 아닙니다. 선거 외에는 국민이 정치에 참여할 수 있는 수단이 부족하고, 열심히 대표자를 뽑아도 그가 국민의 뜻을 왜곡할 수 있지요. 또한 대표자가 국민의 의사에 반하는 결정을 내릴 수 있다는 점, 선거철을 제외하고는 평소 국민

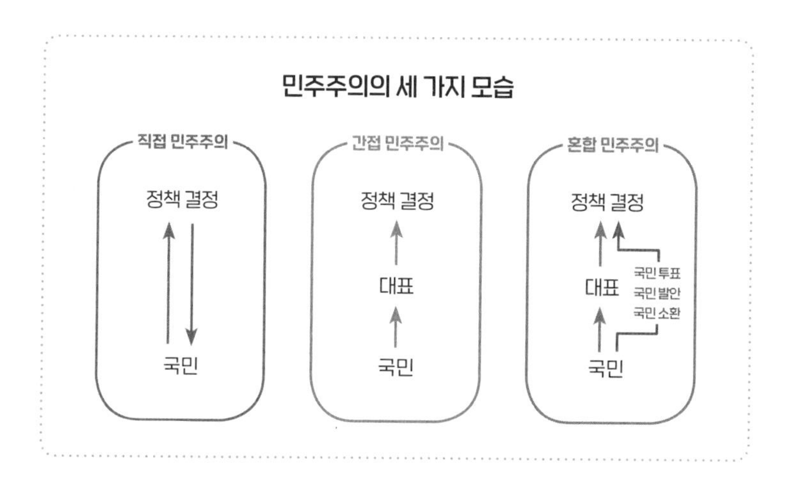

이 정치에 무관심할 수 있다는 점이 문제로 지적되고는 합니다. 뉴스나 신문에서 가장 인기 없는 분야가 정치인 것처럼요.

따라서 현대 민주주의 국가에서는 이를 극복하기 위해 직접 민주주의의 요소를 추가한 **혼합 민주주의**를 채택합니다. 광장에 직접 가서 손을 들고 토론을 할 수는 없지만, 직접 민주주의의 흔적이 현대에도 남아 간접 민주주의를 보완하고 있는 것이지요.

자, 혼합 민주주의를 이끄는 삼두마차를 소개하겠습니다. 바로 국민 투표, 국민 발안, 국민 소환입니다. 국민 투표는 국가의 중요한 사항을 투표를 통해 결정하는 것이고, 국민 발안은 국민이 직접 헌법 개정안이나 법안을 제안하는 것이며, 국민 소환은 국민의 뜻에 반한 공직자를 파면하는 것입니다.

화가 라파엘로 산치오가 그린 고대 그리스의 철학자 플라톤(가운데에서 왼쪽)과
아리스토텔레스(가운데에서 오른쪽)입니다.
플라톤은 "폴리스(도시 국가)의 이상적인 시민 수는 5,040명"이라 말했고
아리스토텔레스는 이마저도 많다고 말했죠.

먼저 **국민 투표**를 알아볼게요. 다들 아시는 것처럼 우리는 대표자를 우리 손으로 직접 뽑습니다. 여러 투표가 있지만 대표적으로는 대통령 선거(줄여서 대선), 국회의원 총선거(줄여서 총선), 지방 선거가 있지요. 국민 투표는 이런 선거 외에 헌법을 개정하거나 국가의 중요한 정책을 정할 때 국민에게 찬반을 묻는 투표입니다. 세계 각국에서 가장 널리 채택하고 있는 제도라고 할 수 있습니다.

그런데 문제가 있어요. 헌법은 국민 투표로 개정할 수 있지만 대부분의 법안은 국회에서 만듭니다. 그 과정에서 국민의 의견이 제대로 반영되지 못합니다. 법과 국민의 거리가 너무 멀다는 문제가 생기지요. 이런 점을 보완해 국민이 직접 "이런 법이 필요합니다!"라고 법안이나 헌법 개정안을 발의하는 제도가 **국민 발안**입니다. 입헌주의의 원칙으로 운영되는 현대 국가에서 법과 국민의 거리를 좁히고 자치를 구현하는 제도라고 할 수 있지요.

국민 소환은 대표자에게 문제가 있을 경우 임기와 상관없이 재신임(일이나 직책을 다시 맡김) 여부를 묻는 제도입니다. 일종의 중간 평가로 이해하면 됩니다. 선거를 통해 대표자를 선출했는데 그가 보장된 임기만 믿고 국민의 의사는 무시한 채 자기 이득만 챙긴다고 생각해 보세요. 국민 입장에서는 발만 동동 구를 수밖에 없습니다. 바로 이때 국민 소환이 필요합니다. 게임을 하다가 지원군이 필요할 때 강한 캐릭터를 부르는 것을 소환한다고 합니다. 현실에서도 국민 소환으로 정치인을 혼쭐낼 수 있습니다. "기껏 뽑아 놨더니 딴짓을 해? 용서할 수 없다!" 하면서 임기 중일지라도 투표를 해 파면 여부를 결정하지요.

이 혼합 민주주의의 삼두마차는 권력자를 견제하는 강력한 장치가 될 수 있습니다. 하지만 우리나라에서는 국민 투표만 실시하고 있고 국민 발안이나 국민 소환은 적용 전이거나 부분적으로 실험하는 수준입니다.

최근에는 정보 통신 기술이 획기적으로 발전하면서 직접 민주주의를 어렵게 했던 시간적, 공간적 장애가 해결되기 시작했습니다. 모두 온라인 덕분입니다. 오프라인 공간에서는 다수가 한꺼번에 모여 토론할 수 없지만 온라인 공간에서는 가능합니다. 이런 기술을 잘 활용해 직접 민주주의의 장점을 살려 보자는 움직임도 활발하게 일어나고 있습니다. 바로 이제부터 우리가 알아볼 전자 민주주의입니다.

◦ 저 청원하겠습니다 ◦

현재 대한민국에서 가장 대표적인 전자 민주주의를 꼽는다면 청와대 국민 청원을 들 수 있습니다. 청와대 국민 청원은 "국민이 물으면 정부가 답한다"라는 슬로건을 가지고 정부가 만든 사이트입니다. 대한민국 국민이라면 누구나 청와대 홈페이지에 들어가서 원하는 청원을 올릴 수 있지요.

청와대가 국민 청원 사이트를 만든 계기는 이렇습니다. 세월호 참사 후 '세월호 특별법' 입법 서명 운동에 약 600만 명의 국민이 참여했는데, 당시 18대 정부에서는 아무런 반응이 없었습니다. 이를 상기한 19대 정부는 국민이 뜻을 모으면 정부가 관심을 가지겠다는 의도로, SNS 시대에 맞는 소통 공간을 만들겠다 밝혔습니다. 그래서 2017년 8월 17일 정부 출범 100일을 맞이해 청와대 홈페이지를 '국민 소통 플랫폼'으로 개편했습니다. 이는 미국이 버락 오바마 대통령 시절에 만든 위 더 피플WE THE PEOPLE 사이트를 벤치마킹한 것입니다.

그렇다면 국민 청원에서 청원請願이란 정확히 무슨 뜻일까요? 많이 들어 보기는 했는데 말이죠. 청원은 국민이 정부나 시청, 구청 등에 어떤 행정 처리를 요구하는 것을 말합니다. 헌법 제26조에는 모

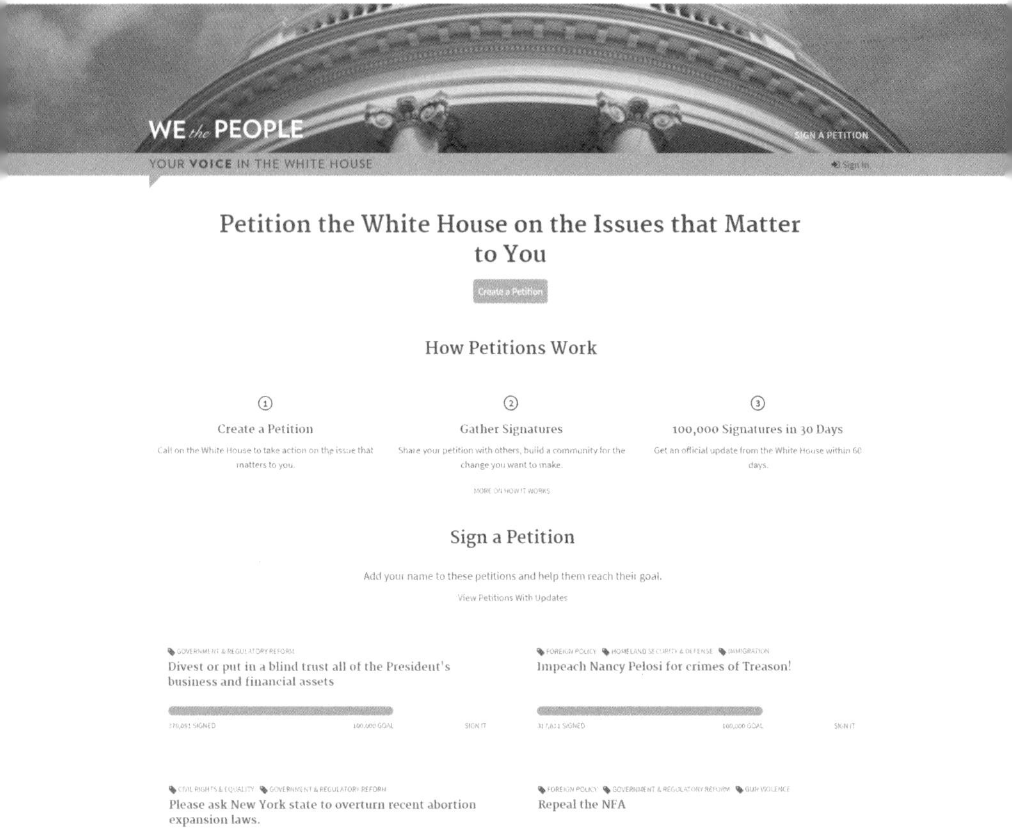

WE *the* PEOPLE

SIGN A PETITION

YOUR **VOICE** IN THE WHITE HOUSE

Sign In

Petition the White House on the Issues that Matter to You

Create a Petition

How Petitions Work

① **Create a Petition**
Call on the White House to take action on the issue that matters to you.

② **Gather Signatures**
Share your petition with others, build a community for the change you want to make.

③ **100,000 Signatures in 30 Days**
Get an official update from the White House within 60 days.

MORE ON HOW IT WORKS

Sign a Petition

Add your name to these petitions and help them reach their goal.

View Petitions With Updates

GOVERNMENT & REGULATORY REFORM
Divest or put in a blind trust all of the President's business and financial assets
370,091 SIGNED 100,000 GOAL SIGN IT

FOREIGN POLICY | HOMELAND SECURITY & DEFENSE | IMMIGRATION
Impeach Nancy Pelosi for crimes of Treason!
317,811 SIGNED 100,000 GOAL SIGN IT

CIVIL RIGHTS & EQUALITY | GOVERNMENT & REGULATORY REFORM
Please ask New York state to overturn recent abortion expansion laws.

FOREIGN POLICY | GOVERNMENT & REGULATORY REFORM | GUN VIOLENCE
Repeal the NFA

미국 백악관은 시민 청원 사이트 위 더 피플을 2011년 9월부터 운영했습니다.
운영 초기에는 30일 안에 5,000명 이상 서명하면 답변을 줬지만,
청원이 늘고 인력이 많이 들자 현재는 기준이 10만 명으로 늘어났습니다.

든 국민은 국가 기관에 문서로 청원할 권리가 있으며 국가는 청원을 반드시 심사할 의무가 있다고 적혀 있습니다.

> 헌법 제26조
>
> ① 모든 국민은 법률이 정하는 바에 의하여 국가 기관에 문서로 청원할 권리를 가진다.
>
> ② 국가는 청원에 대해 심사할 의무를 진다.

청원권은 기본권 중에서도 매우 적극적인 기본권입니다. 이 말은 내가 행동하지 않으면 나보다 더 행동력 있는 사람이나 집단이 먼저 움직이고 결과적으로 나의 기본권이 위축될 수 있다는 것을 뜻하죠.

청원 제도는 역사가 깊습니다. 조선 시대 태종 때는 억울한 일을 당한 백성이 직접 왕에게 호소하는 신문고申聞鼓 제도가 있었습니다. 신문고는 "전 억울합니다. 왕이여, 제 말 좀 들어 보소서!"라는 신호로 사용되었습니다. 북이 울리는 소리를 듣고 왕이 직접 처리를 지시했죠.

신문고 제도는 백성을 위한 정치적 배려였지만 여러 가지 문제점도 있었습니다. 우선 신문고는 대역죄인이나 관리의 범죄를 조사하는 의금부에 설치되었습니다. 의금부는 지금의 대검찰청과 비슷한 기관입니다. 한양의 대궐 근처에 있기 때문에 지방에 사는 백성은 이용하기 불편했고, 절차가 까다로웠으며, 사소하거나 관리와 주인을 고발하는 사건은 고할 수 없었습니다. 그러니 백성이 북을 치고 싶다고 해서 마음대로 칠 수 있는 것은 아니었지요.

신문고가 폐지되고 난 후 평민과 천민이 임금에게 억울함을 알리는 수단으로 상언上言과 격쟁擊錚이 생겼습니다. 상언은 상소와 달리 백성이라면 누구나 임금에게 억울함을 글로 써서 전하는 제도였고 격쟁은 글을 모르는 백성도 임금의 행차 시 징이나 꽹과리를 치며 억울함을 호소할 수 있는 제도였습니다. 어가 행렬에는 상언과 격쟁을 전담하는 관리가 따라다니면서 백성의 민원을 접수했습니다. 민원이 접수되면 해당 기관은 3일 이내에 임금에게 결과를 보고해야 했고, 필요하면 어사를 파견했습니다.

정조는 재임 중 상언과 격쟁을 매우 적극적으로 받아들인 군주입니다. 그 횟수가 4,400여 건이었다고 합니다. 1791년 정조의 능행길에 한 사람이 꽹과리를 치며 행렬에 뛰어들었습니다. 그는 흑산도 주민 김이수였습니다. 김이수는 닥나무가 섬에서 사라졌는데도 여전히 나라에 종이를 만들어 바쳐야 하는 부당함을 청원했습니다. 지방 관아를 통해서는 문제를 해결할 수 없었기에 흑산도 주

〈화성능행도병풍〉의 일곱 번째 폭입니다.
1795년 정조가 어머니 혜경궁 홍씨의 회갑을 기념하기 위해
경기도 화성에 행차했다 돌아오는 모습을 담았습니다.
이렇게 긴 행렬에 뛰어든 김이수가 정말 용감하지 않나요?

민의 여망을 모아서 천리길 한양까지 오게 된 것이죠. 넉 달 후, 청원은 깔끔하게 해결되었고 흑산도 주민은 더는 종이를 바치지 않아도 되었습니다. 관료들은 사회 기강을 어지럽힌다며 자주 격쟁 폐지를 주장했지만, 임금과 백성의 소통 수단인 상언과 격쟁 제도는 조선 시대 내내 유지되었다고 하네요.

◦ 이런 청원도 있었어? ◦

조선 시대 청원 방법을 알아봤으니 다시 현대의 국민 청원으로 돌아옵시다. 국민 청원 사이트에는 어떤 청원이 올라오고 있을까요? 카테고리를 보면 정치 개혁, 외교·통일·국방, 일자리, 미래, 성장 동력, 농산어촌, 보건 복지, 육아·교육, 안전·환경, 저출산·고령화 대책, 행정, 반려동물, 교통·건축·국토, 경제 민주화, 인권·성평등, 문화·예술·체육·언론, 기타로 열일곱 가지가 있습니다. 이 중에서 인권·성평등과 정치 개혁 카테고리의 호응이 가장 높습니다.

단순히 청원만 받고 끝나지 않습니다. 30일 동안 동의가 20만 명 이상 모일 경우에는 장관과 수석 비서관을 포함한 정부 관계자가 30일 이내에 공식 답변을 내놓습니다. 답변자는 상황을 파악해 현

단계에서 어떤 논의가 필요한지, 해결이 가능한지, 어느 수준까지 답변이 가능한지를 검토합니다.

권역외상센터 추가 지원 청원을 볼까요? 2017년 11월 중증 외상 환자를 전문으로 치료하는 권역외상센터에 지원을 늘려야 한다는 청원이 올라왔습니다. 이 청원에 28만 1,985명의 국민이 공감하고 동의 버튼을 눌렀습니다. 이에 보건 복지부 장관이 이국종 교수를 면담한 뒤에 행정부 차원에서 적절한 지원과 제재를 하겠다 답변했습니다. 답변은 홈페이지, 블로그, 페이스북, 트위터 등을 통해 공개합니다. 사안에 따라 라이브 방송 〈11시 50분 청와대입니다〉를 통해 생방송으로 답변하기도 합니다.

1호 답변은 소년법 개정 청원이었습니다. 2017년 9월 1일 부산에서 여중생을 집단으로 폭행하는 사건이 일어났는데 가해자들이 14세 미만의 '형사 미성년자'로 분류되어 형사 처벌을 받지 않았고 국민적 공분을 샀습니다. 이에 소년법을 개정해 잔혹한 범죄를 저질렀으면 미성년자라도 처벌을 받아야 한다는 청원이 올라왔고, 동의 수가 20만 명을 넘어서면서 정부가 공식 답변을 내놓았습니다. 이후 폭행, 왕따 등 청소년 범죄 관련 청원이 잇따르면서 처벌을 강화하고 소년범 연령을 낮추는 방향을 논의 중입니다.

국민 청원의 이정표로 남을 이른바 윤창호법(특정 범죄 가중 처벌

등에 관한 법률 개정안)은 대통령까지 힘을 보탰습니다. 대통령이 국민 청원에 올라온 해운대 음주 운전 건을 언급하며 음주 운전 처벌 강화를 지시한 건데요. 윤창호법은 음주 운전 사고로 숨진 고 윤창호 씨 사망 사건을 계기로 마련된 법안으로, 고인은 2018년 9월 부산 해운대에서 만취 운전자가 몰던 차량에 치여 뇌사 상태에 빠졌다가 끝내 세상을 떠났습니다. 윤창호법은 그해 12월 29일 국회 본회의에서 통과되었습니다. 음주 운전으로 사망 사고를 낼 경우 기존 '1년 이상의 징역'에서 '최고 무기 징역 또는 최저 3년 이상 징역'으로 형량을 대폭 높였습니다.

2020년 4월 기준으로 가장 많이 추천받은 청원은 N번방이라는 디지털 성범죄와 관련해 운영자와 가입자를 처벌해 달라는 청원입니다. 2020년 4월 17일에 마감된 청원에 무려 271만 명의 분노한 국민이 동의했습니다. 119만 2,000여 명이 동의한 강서구 PC방 살인 사건 처벌 청원도 있는데요. 특히 강서구 PC방 사건을 계기로 심신 미약 감형 의무를 없앤 일명 김성수법(형법 일부 개정안)이 통과된 것은 국민 청원의 큰 성과 중 하나입니다. 김성수법은 2018년 10월 강서구의 한 PC방에서 아르바이트생을 잔혹하게 살해한 피의자 김성수가 조사 과정에서 우울증 진단서를 제출했다는 것이 알려져 국민의 공분을 일으킨 데 따라 만들어진 법입니다. 김성수

법은 2018년 11월 28일 국회를 통과했고, 심신 미약 상태에서 저지른 범죄에 대해 감형해 주는 의무를 삭제하도록 형법을 개정했습니다.

이처럼 우리는 국민의 의견과 주장이 제약 없이, 즉각적으로, 시시각각 정부를 향하고 정부와 다수의 국민이 실시간으로 생각을 공유하는 시대에 살고 있습니다. 바야흐로 전자 민주주의 전성 시대를 맞고 있는 것입니다.

물론 국민 청원을 통하더라도 문제를 해결하는 데는 한계가 있습니다. 정부가 국민의 요구대로 당장 명쾌하게 답할 수 있는 일이 많지 않기 때문입니다. 2019년 1월에 마감된 두 청원을 예로 살펴볼까요. 당시 국회의원 연봉 인상을 반대하는 청원 2개가 동시에 올라왔습니다. 하나는 "국회의원 연봉 인상을 반대합니다"라는 제목의 청원이었고 다른 하나는 "국회의원 내년 연봉 2,000만 원 인상 추진, 최저 임금 인상률보다 높은 14퍼센트 셀프 인상을 즉각 중단하십시오"라는 청원이었습니다. 전자는 약 8만 명이, 후자는 약 24만 명이 뜻을 함께했지요. 이에 디지털소통센터장이 답변을 했습니다. 2019년 국회의원 총 연봉 수령액은 전년 대비 1.2퍼센트 증가한 것이라 청원 내용과 사실이 다르고, 삼권 분립 원칙에 따라서 청와대가 국회의원의 연봉을 결정할 수 없다는 답변이었습니다. 어때요? 다소 맥이 빠지는 결론이죠? 앞에서 살펴본 권역외상센터 추가 지원도 청원이 통과되었지만 모든 문제가 해결된 것은 아니었습니다. 국가 지원 예산이 실무진에게 돌아가지 않았다는 논란이 생기기도 했거든요.

그런데도 국민의 반응은 뜨겁습니다. 부담 없이 손쉽게 자신의 의견을 정부에 전할 수 있고, 동의 20만 명이면 정부의 답변을 보장받으며, 답변을 못 받더라도 여론 형성에 일정한 효과를 거둘 수 있기 때문입니다.

어쨌든 국민 청원 사이트는 국민 토론방이 되었습니다. 진지하게 정책 대안을 제시하거나 잘못된 점을 바로잡아 달라는 청원이 대다수지만, 애교 섞인 개인 소망이나 장난기가 다분한 청원도 많습니다. 편견과 욕설로 점철된 비방 글도 버젓이 올라오지요. 오른쪽 표는 황당한 청원 몇 가지를 뽑아 놓은 것입니다.

익명으로 글을 올릴 수 있다 보니 장난 글이 올라오는 경우가 많습니다. 이런 글이 계속 올라오면 국민 청원 사이트를 효율적으로 운영하기 힘들어질 것입니다. 실명으로 글을 올리게 하고, 허위나 장난 글에 법적 책임을 묻겠다는 경고 문구를 넣는 등 책임을 더 무겁게 하는 방법이 필요해 보입니다.

군대 가기 싫어요.

[청원 시작: 2018-05-31] [청원 마감: 2018-06-30] [청원 인원: 4]

개인적으로 쟁반 짜장의 정의를 명확히 내려 주셨으면 하는 소망이 있습니다.

[청원 시작: 2018-05-31] [청원 마감: 2018-06-30] [청원 인원: 5]

손흥민 대신 군대 가겠습니다.

[청원 시작: 2018-08-21] [청원 마감: 2018-09-20] [청원 인원: 5]

메이플스토리 소울마스터 하향해 주세요.

[청원 시작: 2018-05-31] [청원 마감: 2018-06-30] [청원 인원: 3]

롱패딩 착의 규제법 발의에 대하여

[청원 시작: 2017-11-24] [청원 마감: 2017-12-24] [청원 인원: 4]

평소 정부에 할 말이 많거나, 지금 가장 뜨거운 현안이 무엇인지 알고 싶다면 국민 청원 사이트에 들어가 보세요. 게시판을 뒤적이다 보면 추천하고 싶은 청원, 눈물 나는 청원, 미소 짓게 하는 청원을 많이 발견할 수 있습니다.

3장

1인 미디어, 규제해야 할까?

가짜 뉴스를 막아야 한다

vs

표현의 자유를 지켜 줘야 한다

1인 미디어, 규제해야 할까?

거침없는 유튜브 시대… 가짜 뉴스 규제 들어가나

다른일보 이시국 기자

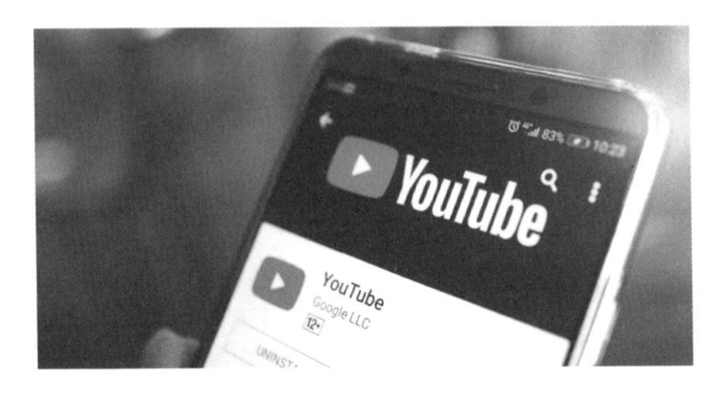

유튜브는 누구나 영상을 쉽게 올릴 수 있는 전 세계 최대 규모 동영상 사이트다. 지난해 국내 모바일 사용자 순위를 분석한 결과 유튜브는 청소년층부터 노년층까지 전 연령대에게 고르게 사랑을 받았다.
하지만 최근 유튜브가 가짜 뉴스의 온상으로 지목되면서 이를 규제할 법무부의 강력한 종합 대책이 발표되었다. 가짜 뉴스에 대한 사회적 논란이 커지면서 실시된 조치다.
이에 따라 한국 시장에서 거침없이 인기를 구가하던 유튜브에 제동이 걸릴 예정이다. 한편에서는 이런 대책이 표현의 자유를 위축시키는 것이 아니냐는 우려의 목소리도 나오고 있다.

찬성 입장 : 가짜 뉴스 문제가 심각해지고 있어!

요즘 유튜브 인기 영상에 어떤 영상들이 뜨는지 본 적 있니? 온갖 가짜 뉴스가 인기를 얻고 있어. 표현의 자유도 좋지만 범죄의 소지가 있으면 엄벌에 처해야 해. 현재는 유튜브를 통해 가짜 뉴스가 무분별하게 퍼져도 대응책이 마땅치 않은 상황이야. 정식 언론이 아니라서 정정 보도를 요구할 수 없고, 운영사인 구글에 삭제를 요청해도 표현의 자유를 보장하는 운영 방침 때문에 쉽게 받아들여지지 않거든. 이런 상황에서 정부가 최소한의 규제를 할 필요가 있어.

반대 입장 : 표현의 자유를 지켜 줘야 해!

큰일 날 소리! 우리에게는 표현의 자유가 있어! 표현의 자유는 나이가 많든 적든, 남자든 여자든 누구나 가지고 있는 기본권이야. 특히 유튜브는 쌍방향 소통이 활발하다는 점이 가장 큰 장점인데, 한창 발전하고 있는 1인 미디어를 억지로 규제하면 점점 활동이 줄어들 수밖에 없을 거야. 표현의 자유를 규제하기보다는 다른 실질적인 보호 방안을 찾는 것이 바람직해.

◦ 검은 줄이 그어진 신문 ◦

한 나라의 신문이 모두 먹칠로 채워지면 어떤 일이 벌어지게 될까요? 어려운 신문이 사라졌으니 세상이 조금은 쉬워질까요? 실제 2019년 10월 21일 호주 가판대에 있는 거의 모든 주요 신문 1면에 검은 줄이 그어지는 사건이 일어났습니다. 검은 줄 때문에 지면을 읽을 수 없었고 그 하단에는 "정부가 당신에게서 진실을 막을 때, 그들이 숨기는 것은 무엇일까"라는 의미심장한 문구가 인쇄되어 있었지요.

이런 초유의 사태는 호주의 신문사들이 직접 나서서 벌인 일입니다. 사정은 이렇습니다. 2017년 호주 공영 방송인 ABC방송이 호주군의 아프가니스탄 전쟁 범죄를 보도했습니다. 이듬해 2018년에는 한 일간지 기자가 정부의 민간인 사찰 계획을 보도했고요. 그러자 호주 연방 경찰이 2019년 초 해당 방송사와 기자의 자택을 압수 수색합니다. 이에 항의하는 뜻으로 호주 신문들은 1면에 검은 줄을 그어 발행하고, 방송국들은 "정부를 무엇을 은폐하는가?"라는 내용의 광고를 송출했습니다. 호주 정부가 언론에 적절한 자료를 제공하지 않았으며 언론인을 탄압했다고 항의하는 취지였지요.

호주의 검은 줄 신문은 1974년 우리나라 박정희 유신 독재 시절

THE AUSTRALIAN

SECRET

NOT FOR RELEASE

When government keeps the truth from you, what are they covering up?

The Courier Mail

We're for you

SECRET

NOT FOR RELEASE

When government keeps the truth from you, what are they covering up?

yourrighttoknow.com.au

#righttoknow

소년동아일보

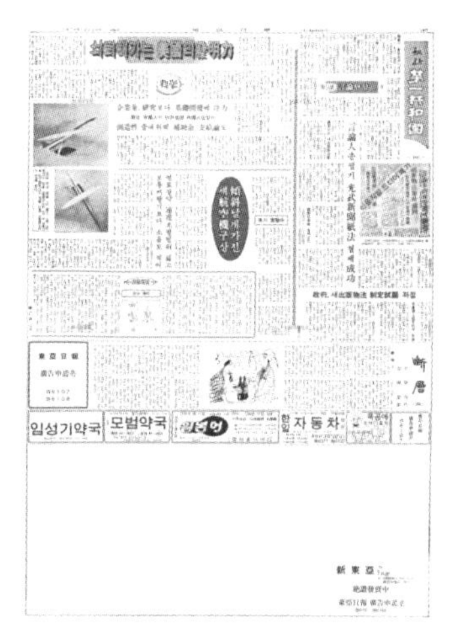
임성기약국

모범약국

자동차

위는 1면이 온통 까만 선으로 그어져 발행된 호주 주요 신문 〈더 오스트레이안〉과 〈더 쿠리어 메일〉의 2019년 10월 21일자 지면이고 아래는 〈동아일보〉 1974년 12월 26일자 백지 광고 지면입니다. 이렇게 신문 지면은 그 자체로 상징이 되기도 한답니다.

에 있었던 〈동아일보〉 백지 광고 사태를 연상시킵니다. 〈동아일보〉 백지 광고 사태는 유신 정권의 언론 탄압으로 〈동아일보〉에 광고가 끊겼던 7개월을 말하는데요. 유신 정권이 기업과 기관에 〈동아일보〉와 맺은 광고를 해약하라 압박하면서 〈동아일보〉는 3면이 백지로 발행되기도 했습니다. 이에 우리 국민은 호주머니를 털어서 〈동아일보〉에 "이겨라", "화학 조미료와 아이스크림을 멀리하고 〈동아일보〉를 가까이합시다", "잘되기를 원하는 할머니들이 푼돈을 정성껏 모았읍니다" 같은 응원 광고를 싣는 것으로 저항했어요.

이렇듯 언론의 자유는 어느 나라나 아주 예민한 문제입니다. 국민의 가장 기본적인 권리로 받아들여지며 만약 정부가 침해할 경우 격하게 저항을 받는 자유 중 하나지요. 자신의 생각을 표현하고 전달하지 못한다면 반쪽짜리 자유에 불과하기 때문입니다.

∘ 언론, 여론, 표현의 자유 ∘

우리가 살고 있는 사회는 과거에 비해 매우 복잡하고 다양해졌습니다. 사회가 발전하는 것은 좋은 일이지만, 덩달아 이전에는 없던 사회 문제가 생기기도 했지요. 특정한 문제로 갈등하는 경우도 많아졌어요.

이때 집단이나 개인 사이에서 대립하는 문제를 **사회적 쟁점**이라고 합니다. 뭔가 비장하고 어려워 보이는 단어지요? 사실 개념 자체는 간단합니다. 예를 들어 노동자는 물가가 오르는 정도에 따라 임금을 인상해야 한다고 주장합니다. 하지만 고용주는 임금을 인상하면 생산비가 증가하기 때문에 안 된다고 주장하죠. 여기서 노동자와 고용주를 서로 다투게 만드는 임금 인상 여부가 사회적 쟁점입니다.

사회적 쟁점에 다수의 사람이 가지는 생각이나 의견을 **여론**이라고 합니다. 다시 말해 하나의 사회적 쟁점에 국민 대부분이 비슷한 견해를 가지면 여론이라고 부를 수 있죠. 우리 사회에는 여러 가지 사회적 쟁점이 발생하며, 사람들은 이 쟁점에 대해 자신의 생각이나 주장을 드러냅니다. 각각의 생각과 주장은 다른 사람의 의견과 비교되고 합쳐져서, 마침내 하나의 여론으로 발전합니다.

언론은 신문사, 잡지사, 방송국 등의 언론 기관이 하는 활동을 말합니다. 세상에서 일어나는 여러 가지 사건과 현상을 밝혀 사실을 대중에게 알리고 의견을 더해 논평이나 해설 등을 하는 일이지요.

간혹 언론과 대중 매체가 헷갈릴 수도 있습니다. **대중 매체**는 우리가 쉽게 접하는 라디오, 신문, 잡지처럼 대중적 사고와 행동을 만

들어 내는 매체입니다. 쉽게 말하면 언론 기관은 '대중 매체'를 통해 '언론' 활동을 하는 집단이며, 대중은 '대중 매체'를 통해 언론 기관이 전하는 소식을 접하는 것이죠. 언론 기관은 사실을 전달하며, '사회적 쟁점'을 규정하고 비판을 제공함으로써 '여론'을 형성합니다. 또한 정부와 기업을 감시하고 견제함으로써 권력 남용을 억제합니다.

여러분은 학교에서 고쳐야 할 점이나 나누고 싶은 의견이 생기면 어떻게 하나요? 학교 온라인 게시판이나 SNS에 자신의 생각을 표현하고 댓글을 달며 친구들과 의견을 주고받지요? 네, 그렇습니다. 이것이 바로 **표현의 자유**입니다. 자신이 가지고 있는 생각과 의견을 공개적이고 자유롭게 이야기하고 나눌 수 있는 권리지요.

여론이 올바르게 형성되기 위해서는 표현의 자유를 보장하는 일이 가장 중요합니다. 누구든지 자신의 의견을 자유롭고 다양하게 표현할 때 올바른 여론이 형성될 수 있기 때문이죠. 이것은 민주 정치의 기초가 됩니다. 이를 위해 우리나라 헌법 제21조 제1항에서는 "모든 국민은 언론·출판의 자유와 집회·결사의 자유를 가진다"라는 조항을 두고 있습니다.

먼저 **언론·출판의 자유**를 봅시다. 언론·출판의 자유는 자신의 사상이나 지식을 언어나 문자 등으로 외부에 표현할 자유입니다. 개인이 자유롭게 인격을 발전시키게 하고 인간의 존엄과 가치를 유지하며 민주주의 국가에서 국민 여론을 형성하게 하는 기본적인 제도라고 평가됩니다. 언론·출판의 자유는 민주주의 사회에서 없어서는 안 될 권리지만, 잘못 행사되었을 때는 타인의 명예나 권리, 공중도덕, 사회 윤리에 피해를 줄 수도 있기 때문에 특히 유의해야 합니다.

한편 **집회·결사의 자유**는 공동의 목적을 가진 다수가 자발적으로 모임을 가지거나 계속적으로 단체를 조직해 집단적인 의사 표현을 하는 자유를 말합니다.

둘은 공통점이 있습니다. 건전한 여론 형성의 수단으로 민주 정치의 바탕이 되고 표현의 자유에 속한다는 점인데요. 표현의 자유라고 해서 꼭 밖으로 소리를 내야 하는 것은 아닙니다. 글을 쓰거나 토론하지 않아도, 길에서 구호를 외치지 않아도 문자, 그림, 형상 등 다양한 상징을 통해 자신의 의견을 자유롭게 표현할 수 있으니까요. 우리나라 헌법 제21조 제2항에서는 "언론·출판에 대한 허가나 검열과 집회·결사에 대한 허가는 인정되지 아니한다"라고 규정합니다. 이런 자유들은 정부가 관여할 대상이 아니니 애초에 허가나 검열을 받을 이유도 없다는 것이죠.

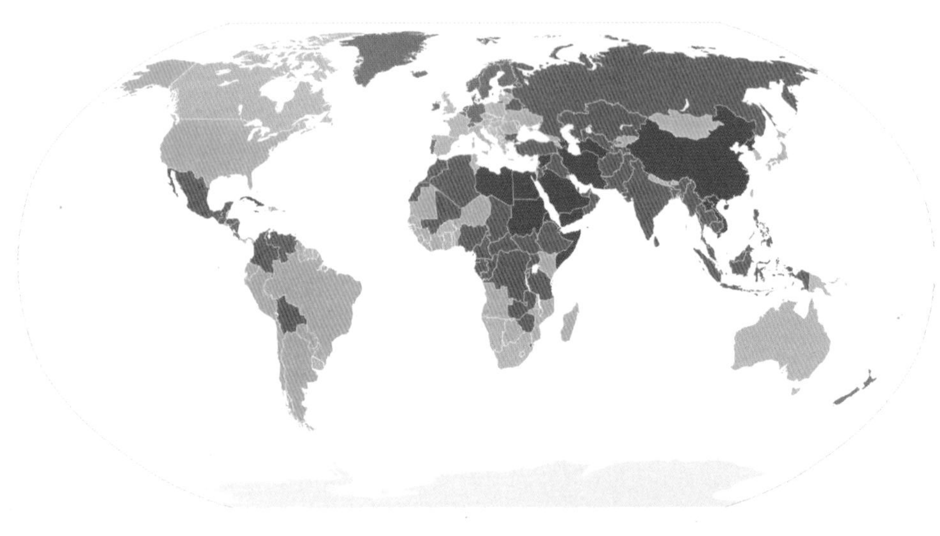

국경 없는 기자회RSF가 매년 발표하는 2019년 세계 언론 자유 지수입니다.
색이 파랄수록 언론이 자유로운 것이고, 빨갈수록 심각한 상황을 말하지요.
노란색은 뚜렷한 문제가 있다는 뜻이고요.
우리나라는 전 세계 41위에 등극하며 약간 파란 '납득되는 상황'으로 분류되었네요.
©NordNordWest

물론 표현의 자유에도 분명한 한계가 있습니다. 자신이 표현의 자유를 누리는 것이 다른 사람에게 큰 피해를 주는 경우입니다.

• 1인 미디어, 유튜브의 시대 •

여러분은 사회나 정치 문제를 어떤 경로로 알게 되나요? 보통 신문이나 인터넷, TV 등을 통해 접하지요. 그런데 최근 유튜브를 통해 사회나 정치 문제를 접한 경험이 유독 많지는 않았나요? 유튜브를 자주 보는 친구들은 인기 동영상 순위에 정치 관련 영상이 상위권을 차지하는 경우를 많이 보았을 것입니다. 몇 번은 클릭도 해 봤을 수 있고요.

사실 유튜브는 대중 매체가 아니라 1인 미디어입니다. 1인 미디어는 개인이 자신의 글, 사진, 영상 등을 대중에게 내보이는 서비스를 말합니다. 이제는 동영상을 기반으로 한 1인 방송 시대가 열렸습니다. 글 중심의 1인 미디어 시대를 주도했던 블로그는 유튜브에 그 바통을 넘겼습니다. 유튜브에 올라온 콘텐츠들은 전 세계 사람들이 조회하고 평가합니다. 이런 매력 덕분에 자신의 재능과 창의성을 보여 주는 기회의 장으로 사용되고 있지요. 우리나라 어린이의 장래 희망 직업 순위에 유튜버가 몇 년이나 상위권을 차지하고 있다는 사실에서도 유튜브의 인기와 위력을 짐작할 수 있습니다.

유튜브는 콘텐츠 제작과 유통은 물론이고 정치의 근간인 각종 선거 문화에도 획기적인 변화를 가져왔습니다. 전화나 전단지에 의존하던 기존 선거전의 양상을 완전히 뒤바꿔 놓은 것이죠.

대표적인 사례가 미국의 버락 오바마 대통령입니다. 오바마 대통령은 유튜브, 트위터, 페이스북 등 동영상 플랫폼과 SNS를 잘 활용해 대통령이 되었다는 평가를 받고 있습니다. 한때는 SNS 대통령으로 부르기도 했지요. 2008년 미국 대선 직전 버락오바마닷컴 유튜브 채널은 2,000만 건 이상의 조회 수를 기록했는데, 당시 경쟁자인 공화당 후보 존 매케인의 채널 조회 수는 200만 건이었습니다. 매케인 지지자의 연령대가 오바마 지지자보다 높아 유튜브를 비롯한 SNS 이용이 서툴렀고, 오바마 관련 영상이 미국 전역에서 선풍적인 정치적 바람을 일으킨 덕분이었습니다.

유튜브를 이용한 정치인의 선거전은 우리나라에서도 예외가 아닙니다. 현재 유튜브나 페이스북 등 SNS를 홍보 수단으로 활용하지 않는 정치인이 거의 없을 정도입니다. 대표적인 정치인 유튜브 채널에는 유시민의 알릴레오, TV홍카콜라, 박용진TV, 이언주TV,

정청래TV, 전희경과 자유의 힘 등이 있습니다.

무엇보다 유튜브 인기 영상 세 건 중 한 건이 정치·시사 분야 콘텐츠입니다. 이것은 정치적 사안이 사회적으로 쟁점화되는 시기에 시사 콘텐츠를 제공하는 유튜브의 역할이 더욱 커질 수 있음을 뜻합니다. 즉 유튜브가 여론을 만들고 그 여론에 따라 세상이 움직일 수 있다는 것이죠. 소수의 의견이 다수의 견해로 둔갑할 수도 있고, 그럴듯하게 포장한 허위 사실을 하루아침에 중요한 사회적 이슈로 만들어 버릴 수도 있습니다.

여러 정치 유튜브 채널이 흥미 위주의 영상을 올리며 네티즌의 관심을 얻고 있지만 우려의 목소리도 적지 않습니다. 지지자를 결집하기 위한 편향되고 자극적인 내용이 많아지고 있기 때문인데요. 덩달아 가짜 뉴스 문제도 심각해지고 있습니다. 가짜 뉴스는 마치 뉴스 같은 형태를 띠고 있지만 내용은 사실이 아닌 콘텐츠로, 허위 조장 정보라고도 합니다.

가짜 뉴스는 규제해야 할까?

유튜브에는 좋은 내용이 많습니다. 전문적 지식이나 날카로운 비평, 시사 상식 등을 쉽게 얻을 수 있지요. 주제에 한정되지 않고 다양한 영상을 편리하게 접할 수 있다는 것도 장점입니다. 그러나 유튜브에 간결하게 편집되어 올라오는 영상은 제대로 된 검증을 받지 않는 경우가 많습니다.

그중에서도 개인이 뉴스 채널임을 표방하며 동영상을 올리는 채널들이 존재합니다. 이들은 자극적인 소재, 편향된 정치 성향, 거짓 정보를 담은 영상을 무분별하게 게시합니다. 개인 또는 특정 집단이 사실이 아닌 내용을 진짜 뉴스처럼 퍼뜨리는 경우가 빈번합니다. 문제는 수많은 정보가 범람하는 유튜브 속에서 가짜 뉴스를 구별하기가 점차 힘들어진다는 사실입니다.

무엇이 가짜 뉴스인지 아닌지 그 기준을 놓고 말이 많지만 따지고 보면 아주 간단하게 정의를 내릴 수 있습니다. 가짜 뉴스는 사실을 알리려는 의도보다 상대를 해치려는 '악의'가 앞선 내용입니다. 판별을 위해 객관적 기준을 제시하기는 어렵지만 가짜 뉴스를 만든 사람은 잘 알 것입니다. 객관성을 잃고 한쪽을 과장해 이야기하고 있는지, 자극적인 제목과 내용으로 사람들의 눈길을 끄는 것이 진짜 목적은 아닌지 말이죠.

가짜 뉴스의 종류로는 출처와 링크를 밝히지 않고 허위 사실을 전단하는 뉴스, 과거 기사와 허위 사실을 섞어 교묘하게 짜깁기해 전달하는 뉴스가 있습니다. 가짜 뉴스의 사례로 JTBC 시청자가 뽑은 2018년 최악의 가짜 뉴스를 살펴 보겠습니다.

JTBC 시청자가 뽑은 2018년 최악의 가짜 뉴스

순위	뉴스	비율
1	대북 쌀 지원으로 쌀값 폭등?	39%
2	태극기 사라진 정상 회담?	30%
3	36억 원 쓴 박근혜 억울? … 특활비 가짜 뉴스	29%
4	평화 협정 맺으면 주한 미군 철수?	28%
5	토지 공개념, 사회주의 제도?	27%
6	북한 헬기 용인에 기습 남하?	26%
7	노회찬 대표 부인 전용 운전기사?	26%
8	〈임을 위한 행진곡〉에 예산 12조 원?	25%
9	예멘 난민 신청자, 월 138만 원 지원?	22%
10	5·18 유공자, 현 정부서 급증?	21%

출처: JTBC 뉴스 2018년 12월 31일자

시청자는 "대북 쌀 지원으로 쌀값이 폭등했다"라는 뉴스를 1위로 뽑았습니다. 쌀값이 올랐다는 사실과 그와 무관한 북한을 엮은 전형적인 가짜 뉴스였습니다. 2위는 "태극기 사라진 정상회담"이라는 뉴스입니다. 2018년에 세 차례 열린 남북 정상회담 때 대통령 전용기에 태극기가 사라졌다는 내용입니다. (하지만 태극기는 그대로 있었습니다.) 그리고 시청자가 뽑은 가짜 뉴스 10개 중 무려 4개가 북한과 관련이 있습니다. 1, 2위 외에 "평화 협정을 맺으면 주한 미군이 철수한다"라는 뉴스가 4위, "북한 헬기가 용인에 기습 남하했다"라는 뉴스가 6위였습니다.

이 순위에는 유튜브도 큰 영향을 끼쳤습니다. 10대 가짜 뉴스 중에서 8개가 유튜브에서 시작되었거나 확산되었습니다. "노회찬 전 대표의 부인이 전용 운전기사를 뒀다"라는 뉴스가 대표적입니다. 이 가짜 뉴스는 〈조선일보〉에서 시작되어 유튜브에서 빠르게 확산되었습니다. 〈조선일보〉가 뒤늦게 정정 보도를 했지만 유튜브 속 정보가 뒤섞이면서 가족에게 큰 피해를 주었습니다.

이밖에 순위를 보면 12억 원 예산을 만 배로 부풀린 "〈임을 위한 행진곡〉 예산 12조 원" 뉴스가 있습니다. "5·18 유공자가 이번 정부 들어서 유독, 갑자기 증가했다"라는 뉴스도 많이 퍼졌습니다. 시기도 맞지 않고 금액도 맞지 않는 가짜 뉴스였습니다.

가짜 뉴스를 만들거나 퍼뜨려서 다른 사람의 명예를 훼손하면 형법상 명예 훼손(징역 5년 또는 벌금 1,000만 원 이하)이나 정보통신망법상 명예 훼손(징역 7년 또는 벌금 5,000만 원 이하)으로 처벌을 받습니다. 형법상 업무 방해, 신용 훼손, 전기 통신 기본법 위반죄 등에 의해서도 처벌되죠.

이처럼 SNS를 통한 가짜 뉴스의 확산과 이에 따른 여론 왜곡의 위험성이 높아지면서 법적인 제재 움직임이 나타나고 있습니다. 법무부가 허위 조작 정보를 엄격하게 다루겠다는 뜻을 밝히기도 했습니다. 국회에 발의된 가짜 뉴스 방지 법안도 꽤 많습니다.

하지만 국가가 직접 나서서 가짜 뉴스를 단속하는 것을 두고 걱정의 목소리도 나옵니다. 가짜 뉴스를 법적으로 따로 분류하고 낙인 찍어서 처벌하는 것은 악용의 소지가 있고 이런 정부의 대응이 헌법에서 보장하는 표현의 자유를 제한할 우려가 있다는 것이죠. 따라서 정부가 나서서 가짜 뉴스를 차단하기에는 한계가 있습니다.

이럴 때일수록 시민이 나서서 가짜 뉴스를 멀리하고 주위에 경각심을 불러일으켜야 합니다. 무엇보다 가짜 뉴스를 올바르게 분별하는 지혜를 키워야 합니다. 가짜 뉴스 여부를 확인할 수 있는 비판적 시각이 그 어느 때보다 중요합니다.

가짜 뉴스를 판별할 수 있는 방법을 몇 가지 소개하겠습니다.

첫째, 출처를 의심합니다. 뉴스가 올라온 사이트가 신뢰할 만한 곳인지, 정치 성향은 어떠한지, 연락처가 제대로 있는지 등을 확인합니다. 둘째, 맥락을 읽습니다. 뉴스의 헤드라인은 과장된 경우가 많으니 꼭 본문까지 확인해야 합니다. 셋째, 작성자를 검색해 봅니다. 글을 쓴 사람이 신뢰할 만한 인물인지 진짜 존재하는 인물인지 확인합니다. 넷째, 뉴스에 걸린 링크가 실제로 관련이 있는 내용인지 확인합니다. 가짜 뉴스는 아무 관련이 없는 링크를 마치 증거인 양 달아 두는 경우가 많기 때문입니다. 다섯 번째, 날짜를 확인합니다. 과거에 있었던 이야기를 지금 일어난 일처럼 꾸미지는 않았는지 확인해야 합니다. 여섯 번째, 가능하면 팩트 체크를 할 수 있는 전문가에게 물어봅니다. 일곱 번째, 내용이 엉성할 경우 출처를 확인해 봅니다. 가끔씩 유머로 올라온 글이 실제 뉴스처럼 퍼지기도 하기 때문입니다. 여덟 번째, 자신의 생각이나 신념이 내용을 객관적으로 판단하는 데 영향을 주지는 않았는지 생각해 봅니다.

가짜 뉴스 제재를 말하기 전에 우리 사회가 먼저 생각해야 할 점이 있습니다. 바로 가짜 뉴스 유통을 방지하려는 노력과 표현의 자유 침해를 최소화하려는 고민입니다. 이미 나온 뉴스를 가짜 뉴스로 분류하기 이전에 가짜 뉴스가 나올 가능성부터 없애는 것이 우선입니다. 가짜 뉴스의 적절한 법적 제한과 처벌을 위해서도 명확한 개념 정의와 제재 범위를 먼저 설정해야 합니다. 그래야 표현의 자유가 부당하게 제한당하는 일을 막을 수 있기 때문입니다.

단순히 허위 사실을 유포했다는 기준만 가지고 처벌을 하는 것은 부족합니다. '특정한 개인, 단체 또는 정책 등에 관한 정상적 여론을 왜곡시킬 목적으로' '신뢰성 있는 뉴스의 외관을 갖춰' '허위의 정보를 게시하는 행위'를 하거나 이를 지시 및 지원하는 행위로 기준을 세우고 제한할 필요가 있는 것이죠. 가짜 뉴스의 위험성만을 강조해 과도한 제재 입법을 마련하면 오히려 헌법이 보장하는 표현의 자유와 언론의 자유가 부당하게 침해될 가능성이 있습니다. 따라서 선부른 제재에 나서기보다는 가짜 뉴스 방지와 기본권 보장을 동시에 고려한 세심하고 균형 있는 가짜 뉴스 금지법안이 필요합니다.

앞으로 유튜브가 민주주의를 확산하는 촉매가 될지, 아니면 민주주의를 위태롭게 하는 독이 될지는 아무도 모릅니다. 셰프가 칼을 들면 맛난 요리가 만들어질 것이고, 강도가 칼을 들면 사람을 다치게 할 것입니다. 유튜브가 어떤 역할을 하게 될지는 결국 우리가 어떻게 사용하느냐에 따라 달라질 것입니다.

4장

정치의 세대 교체, 필요할까?

청년세대에게 양보해야 한다

VS

기성세대의 참여가 필요하다

토크 vs 토크

정치의 세대 교체, 필요할까?

국민 50%… 정치적 세대 갈등 더 심해질 것

다른일보 이시국 기자

세대 갈등이 심각한 사회 문제로 떠오르고 있다. 세대 갈등과 관련된 연구에 따르면 10년 후 고령자와 청년 간 갈등이 더 심해질 것이라는 응답이 약 50%에 달했다. 이는 최근 인터넷 매체의 발달과 노인 인구의 증가 등 다양한 요소가 겹치면서 정치적 갈등이 단순히 이념적·지역적 대립을 벗어나 세대 간 갈등으로 번지고 있음을 의미한다.

세대 갈등의 주요 요인으로는 저임금과 일자리, 복지 배분의 불평등 등이 꼽혔다. 한편 정치권에서 세대 갈등을 내세워 진영 싸움을 하고 있는 것 아니냐는 의견도 있다.

찬성 입장 : 기성세대가 청년세대에게 양보해야 해!

어제 부모님에게 억울하게 핀잔을 들었어! "이번 선거에서 젊은 애들이 분위기에 휩쓸려서 투표했다더라. 잘 알지도 못하는 애들 때문에 정말 큰일이다"라고 하시더라고. 우리 부모님이지만 너무 어이가 없었어. 기성세대의 낡은 사고방식은 절대 바뀌지 않는 것 같아. 결혼하고 출산하는 것이 국가에 애국하는 거고, 요즘 애들은 이기적으로 산다는 말도 많이 하잖아. 미래를 살아갈 당사자는 우리 세대야. 따라서 청년세대의 의견이 더 잘 반영될 수 있게 정치 제도를 바꿔야 해.

반대 입장 : 기성세대에게 배울 점이 많아!

어제 뉴스를 보다가 요즘 핫한 정치 이슈가 나왔는데 어머니가 양측의 입장을 친절하게 설명해 주셨어. 덕분에 어떻게 돌아가는 건지 감이 오더라고. 청년세대와 기성세대의 가치관이 달라 종종 다투기도 하지만 갈등만이 전부가 아니야. 오히려 기성세대의 지혜가 도움이 될 거야. 고령자는 변화의 흐름을 받아들이고, 우리는 위 세대에 대한 배려를 갖추면서 세대 간 정치적 갈등을 해소해야 해.

◦ 부머에 대해 아시나요? ◦

미국의 젊은 세대를 중심으로 유행하고 있는 '오케이, 부머 OK, Boomer'라는 말을 들어 보셨나요? 베이비 부머는 1955년에서 1963년 사이에 태어난 세대를 가리킵니다. 현재의 오십 대, 육십 대지요. '알았으니 이제 그만해' 정도의 의미를 가진 이 말은 베이비 부머들이 잔소리를 할 때마다 미국 십 대와 이십 대가 하는 일종의 말대꾸입니다. 예를 들어 부머들이 "요즘 애들은 열심히 하려는 의지가 없어"라고 잔소리를 할 기미가 보이면 말이 끝나기도 전에 "오케이, 부머"라고 자르는 것이지요. 당신 말에 진지하게 반박하기보다 그냥 무시하고 넘어가겠다는 뉘앙스가 담겨 있습니다. 최근 틱톡과 스냅챗, 유튜브 등 SNS에 '오케이, 부머'를 외치는 풍자 영상이 수없이 올라오며 미국의 사회적 이슈로까지 떠올랐다고 합니다.

미국의 주류 언론인 〈뉴욕 타임스〉는 "이 유행어는 현재의 상황에 지친 수백만 명의 아이들을 위한 슬로건"이라고 소개하며 매우 긍정적인 반응을 보였습니다. 트위터에서는 베이비 부머 세대와 젊은 세대 간 열띤 논쟁이 벌어졌습니다. 베이비 부머 세대는 이 말이 특정 세대를 조롱하고 폭력적이라며 날선 반응을 보이는 반면 청년세대는 "부머들은 세상을 좋게 만드는 것보다 우리를 비난하는

NEW ZEALAND
'OK boomer': millennial MP responds to heckler in New Zealand parliament

2019년 11월 4일 탄소 제로 법안 발언 중
뉴질랜드의 25세 의원 클로이 스와브릭이 동료 의원에게 야유를 받습니다.
그러자 스와브릭은 "오케이, 부머"라고 딱 잘라 제지하고 발언을 계속 이어 나갑니다.
이 장면은 온라인에서 큰 화제가 되었고 미국에서 유행어가 되었답니다.
출처: 〈가디언〉 유튜브

데 더 많은 시간을 낭비한다"라며 맞서고 있는데요. 유행어를 둘러싼 미국 내 세대 갈등이 남의 나라 일처럼 느껴지지 않는 것은 '기분 탓'일까요?

◦ 누가 누가 정치를 할까? ◦

사실 청년세대와 기성세대 간 갈등은 전 세계적인 현상입니다. 미국에 '오케이, 부머'가 있다면 우리나라에는 '꼰대'라는 말이 있죠. 영국 BBC에서는 꼰대KKONDAE를 오늘의 단어로 소개하며 "자신이 늘 옳다고 생각하는 나이 많은 사람 그리고 상대방은 항상 틀렸다고 믿는 사람"이라고 정의를 내렸습니다. 기성세대에게 반감을 드러내는 말이 유행어가 되는 것은 어느 나라나 마찬가지인 것입니다.

이렇게 세대 갈등은 사회는 물론 정치와 경제, 문화 등 전 영역으로 빠르게 커지고 있습니다. 청년세대는 기성세대가 차지하고 있는 권리에 반발하고, 기성세대는 청년세대가 현실을 모르고 미숙하다 비난합니다. 세대 간 소통은 점점 더 사라지고 있습니다.

이런 상황에서 큰 쟁점으로 떠오른 것이 '어느 세대가 정치를 이

끌 것인가'입니다. 정치는 미래를 만들어 가는 일입니다. 그렇다면 앞으로 이 세상을 살아갈 당사자인 청년세대가 정치를 이끌어야 할까요? 아니면 이 사회의 기반을 만들었고 노련함과 지혜가 있는 기성세대가 주도해야 할까요? 두 세대 간 갈등을 해결할 수 있는 방안이 있을까요? 현실의 갈등 상황을 보자면 쉽게 답할 수 없는 문제입니다. 다음 주장을 들어 보겠습니다.

"특정 계층이 전체 유권자의 절반을 넘긴 뒤에도 과연 사회 전체의 공익을 위하는 투표가 가능할까? 2020년부터 우리나라는 전체 유권자의 50퍼센트가 노년층인 나라야. 그만큼 사회의 고령화가 정치에 끼치는 영향은 점점 더 강력해지겠지. 기성세대의 정치관은 남녀, 계층적 지위에 관계없이 보수적이며 편향적이야. 지역주의나 이념 논쟁에서도 자유롭지 못하고. 어른 대접하지 않는다고 버럭 화를 내기도 하잖아. 정부는 노년층의 선거 참여율이 높으니 노인을 위한 정책을 계속 만들고 있어. 노년층의 정년이 연장되면 자연히 청년층의 취업은 줄어들게 될 거야. 취업 경쟁은 심해지고 갈등도 더 커지겠지."

기성세대의 결정이 청년세대의 앞길을 막을 수 있다는 주장을 하는 이들은 영국의 브렉시트brexit를 대표적인 사례로 듭니다. 브렉시트는 영국의 유럽연합EU 탈퇴 결정을 뜻합니다. 2016년 6월 영국은 투표를 통해 국민에게 EU 탈퇴 여부를 물었습니다. 당시에는 '에이, 설마 진짜 탈퇴하자는 결과가 나오겠어?'라는 생각이 우세했지만, 모두의 예상을 뒤엎고 탈퇴 쪽 표가 더 많이 나왔습니다. EU를 탈퇴해 이민자들을 내쫓고 싶어 한 노년층이 혐오를 표로 보여준 것이죠. 투표 결과가 나오고 나서야 청년층은 경제 성장 둔화 같은 EU 탈퇴로 생길 문제를 깨달았습니다. 그들은 뒤늦게 기성세대가 눈앞의 이익을 위해 자신들의 미래를 망쳤다고 항의했지만 결과를 바꿀 수는 없었습니다.

물론 기성세대와 청년세대가 화해하는 방향으로 가야 한다는 주장도 만만치 않습니다. 다음 주장을 들어 볼까요.

"세대 간 이념이 다른 것은 분단과 전쟁 때문이야. 칠십 대 이상 세대는 한국 전쟁을 겪었고 반공 교육을 받았어. 북한이나 미국을 바라보는 태도가 청년세대와 많이 다를 수밖에 없지. 즉 세대 간의 정치 갈등은 서로 다른 경험으로 다른 가치관을 가지게 되었기 때문이지 어느 한 쪽의 문제라 할 수 없어. 노년층의 정치 참여는 장점도 많아. 고위 정책부터 일상까지 그들의 혜안이 필요한 곳은 다양해. 청년들도 자기 세대 중심의 편향을 경계하고 기성 정치에 좀 더 적극적으로 참여해야 해.

2019년 10월 19일 영국 런던의 브렉시트 탈퇴 반대 시위 현장입니다.
"아빠는 2019년에 무엇을 했나요?"라고 묻자
"연합 2개를 박살 냈지!"라고 답하는 만화가 팻말에 그려져 있네요.
©llovetheeu

세대 갈등을 이용하는 정치권에 휩쓸리지 않으려면 세대 간 소통과 배려가 절실해."

이들은 청년세대와 기성세대가 꼭 제로섬 관계(한쪽이 득을 보면 반드시 한쪽은 손해를 보는 관계)인 것만은 아니라고 말합니다. 서로의 장단점을 인정하고 필요한 부분에서 협력할 수 있다는 뜻이죠. 또한 기성세대에게 양보를 말하기 전에 청년세대가 먼저 적극적으로 정치에 참여해야 한다고 주장합니다.

일부는 정치권이 표를 얻기 위해 세대 갈등을 이용하는 면도 있다고 생각합니다. 특히 정부가 청년 실업 문제 해결책으로 기성세대의 양보를 요구하거나 반대로 노년층만을 위한 일자리 정책을 펼치는 등 '세대 간 정의正義'를 고려하지 않는 정책으로 갈등을 부추겼다는 것이죠.

∘ 이익 집단이 뭐길래 ∘

우리나라에서도 '노인 파워'는 만만치 않습니다. 이는 노인세대가 모인 이익 집단만 봐도 확연히 드러납니다. 1969년 결성되어 약

200만 명의 회원을 확보한 대한노인회는 국회의원 총선이나 대통령 선거 때마다 노인 복지 정책에 의견을 제시합니다. 2002년 설립된 대한은퇴자협회도 회원 수가 16만 명이지만 국회가 연령 차별 금지법을 제정할 때와 주택 연금 제도를 도입할 때 적지 않은 영향을 끼쳤습니다.

그렇다면 여기서 말하는 이익 집단은 어떤 일을 하는 집단일까요? **이익 집단**은 자신들의 이익을 실현하기 위해 만든 단체로, 정치 과정에서 집단의 이익을 표출하는 것이 주요 목표입니다. 이익 집단에 대한 개념을 좀 더 잘 이해하기 위해 한·미 자유 무역 협정FTA 체결을 둘러싸고 있었던 논쟁을 살펴봅시다.

집단A: 우리나라는 경제의 대부분을 무역에 의지합니다. 그중에서도 특히 미국에 수출하는 양이 절대적으로 많죠. 이런 상황에서 한·미 FTA를 체결하면 수출이 활성화될 것입니다. 수출이 증가하면, 국내 경제가 성장하게 될 것이고, 이에 따라 해외 자본 투자가 늘고 산업이 활성화되고, 일자리도 증가합니다. 따라서 한·미 FTA는 체결되어야 합니다.

집단B: 북·미 FTA의 사례를 보면, 한·미 FTA가 실패할 것이라는 사실이 명백합니다. 특히 멕시코는 북·미 FTA로 공공 기관의 민영화와

대기업의 독과점이 심해져 국민 절반 이상이 극빈층 또는 저소득층으로 전락해 버렸습니다. 소수의 부자만이 북·미 FTA의 혜택을 누리죠. 즉 북·미 FTA를 통해 혜택을 얻은 것은 미국뿐입니다. 이런데도 우리가 한·미 FTA를 체결해야 할까요? 절대 안 됩니다!

한·미 FTA를 체결할 당시, 우리나라에서는 이를 둘러싸고 찬반 논쟁이 뜨겁게 일어났습니다. 둘의 대화는 찬반 입장의 핵심 논리를 담고 있죠. 대화를 살펴볼까요? 집단A는 수출을 주로 담당하는 업체가 모인 집단입니다. 우리나라 경제 성장을 위해 한·미 FTA를 체결해야 한다고 주장하고 있죠. 반면 집단B는 노동자의 권익을 보호하기 위해 만든 집단입니다. 이들에 따르면 한·미 FTA로는 미국 경제만 성장하게 됩니다. 따라서 체결을 하면 안 되죠. 집단A, B처럼 이익 집단은 저마다의 이익을 위해 제 나름의 논리를 펼치면서 정치에 참여합니다.

발전한 사회는 그렇지 않은 사회보다 직업도 다양하고 인간관계도 복잡합니다. 이 지점에서 다양하고 다원화된 이해관계를 대변하는 단체가 필요하게 됩니다. 사회가 발전할수록 이익 집단이 점점 더 많아지는 이유입니다.

그렇다면 시민 단체와 이익 집단은 어떤 차이가 있을까요? 둘 다 자신들의 목적을 이루기 위해 모인 것은 같은데 말이죠. **시민 단체**는 사회의 문제를 해결하고 공익을 추구하기 위해 시민들이 자발적으로 모여 만든 단체입니다. 반면 이익 집단은 단체 구성원의 이익만을 대변합니다. 노동조합이나 의사협회, 전국경제인연합회 같은 것이 대표적인 이익 집단입니다. 노동조합은 노동조합에 속한 사람들의 이익을 대변합니다. 의사협회는 의사들의 이익을 대변하고요.

물론 이익 집단도 주장의 설득력을 높이기 위해 공공의 문제를 내세울 때도 있습니다. 그러나 그것은 일시적인 움직임에 불과합니다. 이들 이익 집단의 본래 목표는 구성원의 이해가 이뤄지는 데 있기 때문이죠.

자신들의 이익을 추구하고 이를 표출하는 집단이 많이 생기는 것은 긍정적인 일입니다. 그만큼 우리 사회가 다원화되고 있다는 증거니까요. 다만 어떤 경우에도 그 과정은 합법적이고 투명해야 합니다. 이해 관철이 공익과 조화를 이루기 위해서는 과정의 투명성이 매우 중요하기 때문입니다.

◦ 정치에 참여해야 하는 이유 ◦

세대 갈등은 결국 정치 참여와도 이어지는 문제입니다. 연령대별 18, 19대 대선 투표율을 한번 살펴볼까요. 19대 대선에서 이십 대와 삼십 대의 투표율은 18대 대선에 비해 상승했습니다. 하지만 전체적으로 보면 여전히 젊은 세대보다 오십 대, 육십 대 이상의 투표율이 훨씬 높습니다. 18대 대선 때 이십 대의 투표율은 68.5퍼센트인 반면 오십 대의 투표율은 82퍼센트를 기록했죠. 무려 13.5퍼센트 차이입니다. 우리는 여기서 청년세대보다 기성세대가 더 활발하게 투표를 하고 정치에 참여한다는 것을 알 수 있습니다.

정치 참여는 정책 결정 과정에 영향을 미치려고 하는 모든 활동을 말합니다. 민주주의에서 정치 참여는 국민 주권을 실현하는 수단이기도 하죠. 하지만 정치에 참여하는 데에 아무런 제약이 없는 것은 아닙니다.

우선 정치 참여는 개인의 자유로운 의지에 따라 자발적으로 이뤄져야 합니다. 정치 참여를 할지 말지를 자신이 선택할 수 있어야 하는 것이죠. 정권이 악의적인 목적으로 국민을 강제 동원했다면, 그것은 올바른 정치 참여가 아닙니다. 가끔 TV에서 독재자에게 열렬히 환호하는 사람들의 모습이 나옵니다. 그들이 자유로운 의지로

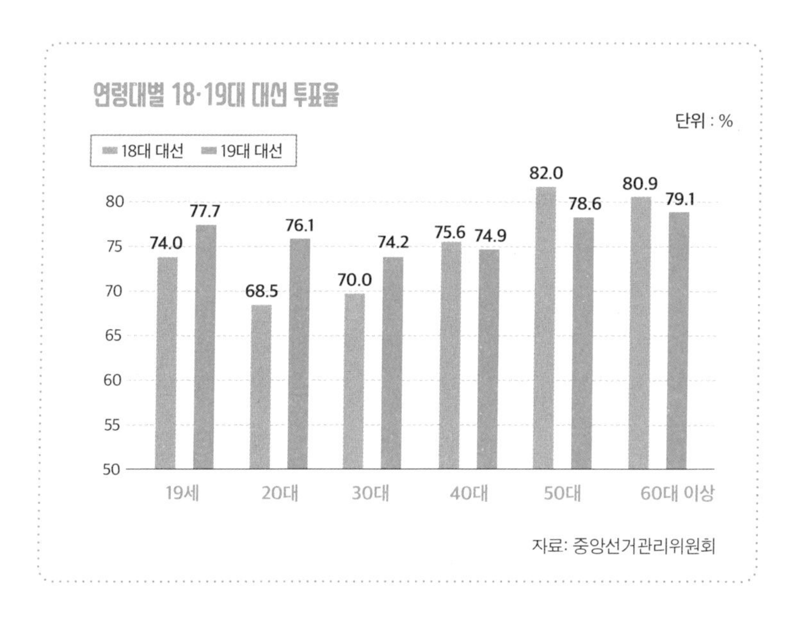

함성을 지르는 것이라면 문제가 되지 않습니다. 하지만 자유로운 의지에 의한 것이 아니라면 올바른 정치 참여라고 볼 수 없죠.

또한 정치 참여는 합법이어야 합니다. 법의 테두리를 벗어난 참여는 허용될 수 없습니다. 예를 들어 테러를 일으키는 것은 정치 참여가 아닐 뿐만 아니라 명백한 불법 행위입니다.

반면 청원이나 시위, 항의, 파업, 연좌 농성 등은 해당 국가의 법이 그것을 합법으로 규정하느냐, 불법으로 규정하느냐에 따라 달라집니다. 만약 우리나라에서 파업을 불법으로 규정한다면, 노동 시간을 단축해 달라는 노동자의 파업, 정부의 언론 장악을 막기 위한 방송국의 파업 등은 모두 불법이 되겠죠. (물론 우리나라는 법에서 정한 일정한 요건을 갖춘 경우 합법적으로 파업할 수 있도록 하고 있습니다. 헌법 제33조에서 노동 삼권을 규정해 쟁의권을 포함한 단체 행동권을 법적으로 보장하고 있죠.)

우리나라 헌법 제1조 제1항은 대한민국은 민주 공화국이라 규정하고 있습니다. 제2항에서는 대한민국의 주권이 국민에게 있음을 규정하고 있습니다. 국민 주권의 원리는 국가의 일을 결정하는 최고 권력인 주권이 국민에게 있다는 것으로, 정치권력은 국민의 동의와 지지를 바탕으로 행사되어야 합니다. 이런 국민 주권의 원리는 우리가 최고로 내세우는 민주주의의 가치입니다.

하지만 현대 사회가 복잡해지고 다원화됨에 따라 모든 시민이 정책 결정에 참여하는 것이 어려워졌습니다. 그래서 대의제를 채택하게 되었습니다. (대의제는 1장에서 설명한 것처럼 시민이 대표를 뽑고 그 대표자에게 정책 결정권을 위임하는 정치 체제입니다.)

그런데 대의제에서는 국민 대다수가 정치에 무관심해지기 쉽습니다. 대의제에서는 정치권력을 가지고 있는 입법부와 행정부가 정책을 결정하고 시행합니다. 시민이 아닌, 그들의 대표자가 정책 결정에 참여하는 것이죠. 언뜻 보면 정치가 우리와는 별로 상관없는 일처럼 보이기 때문에 TV나 신문 등에서 정책이 결정되고 시행되는 소식을 접해도 '내가 상관할 일이 아니네…'라고 생각하기 쉽습니다.

만약 국민 대다수가 정치적으로 점점 더 무관심해지면 어떻게 될까요? 우선 국민 다수의 의견이 아닌 일부 소수 의견을 대변하는 사람이 대표자로 뽑힐 수 있습니다. 게다가 영향력 있는 일부 특권층을 위해서 정책이 만들어질 가능성이 크죠.

고령화 추세 속에 보수 성향이 강한 60세 이상 노년 인구는 계속 늘어나고 있습니다. 아래 세대로부터 소외받는 노년층의 불만은 정치적인 불만으로 이어집니다. 정치적 이슈와 관련한 여러 시위에서도 육십 대, 칠십 대의 참여가 두드러집니다.

우리 사회에서 나타나는 정치적 세대 갈등의 문제는 서로 다른 경험으로 만들어진 가치관 차이 때문이라고 볼 수 있습니다. 사회가 급속히 변화할수록 그 격차는 더 커지고 이로 인한 정치 행위의 격차도 커질 것입니다.

그렇다면 정치적 세대 갈등을 해결하기 위해선 어떻게 해야 할까요? 정치적 세대 갈등은 서로의 가치관이 다르다는 것을 이해하고, 소통을 통해 공존해야 할 필요성을 공감해야 합니다. 그래야 서로 화합해 위기에 처한 우리 사회를 변화시킬 수 있겠지요.

또한 청년세대는 더욱 적극적으로 정치에 참여해야 합니다. 사실 우리 사회에서 집단과 집단 사이의 갈등은 세대 갈등만 있는 것은 아닙니다. 우리나라는 현재 고령화 외에도 고용 불안정, 소득 불평등, 저출산, 다문화 갈등 등 여러 사회 문제가 심각합니다. 구체적인 해법이 마련되지 않는다면 국민의 삶은 시간이 지날수록 더 불안해지겠죠.

특히 청년들은 어려움을 참고 버텨 내야 하는 당사자입니다. 취업난, 주거난 등 우리 사회의 해묵은 문제가 청년세대를 덮치고 있습니다. 부모 도움 없이 자기 집을 마련하는 것은 현실적으로 불가능합니다. 안정적인 일자리는 점점 더 찾기 어렵고, 힘들게 취업을 하더라도 뒤이어 들어오는 후배와 치열하게 경쟁해야 합니다. 사회 진입이 어려운 만큼 기성세대에 대한 불만도 큽니다.

이제는 청년이 현실의 정치 문제를 외면하고 살아가기 어려운 시대입니다. 정치는 사회 문제를 개선하는 유일한 방법이기 때문입니다. 정치에 대한 적극적인 관심과 참여만이 현실의 삶을 이겨 내고 생활의 변화를 이끌어 낼 수 있습니다.

5장

대통령 연임제, 필요할까?

우리나라도 연임을 해야 한다

VS

득보다 실이 많다

대통령 연임제, 필요할까?

대통령 한 번 더 할 수 있게 되나

다른일보 **이시국 기자**

대통령 개헌안에 대통령 4년 연임제가 포함되었다. 다만 대통령의 권한을 분산하고 국회의 권한을 강화하도록 했다. ▲대통령의 국가 원수 지위 삭제 ▲헌법재판소장을 헌법재판관 중 호선하는 것으로 개정해 대통령 인사권 축소 ▲"대통령의 명을 받아"라는 문구를 삭제해 국무총리가 책임지고 행정 각부 통할 ▲대통령 소속인 감사원을 독립 기관화 ▲국회의원 10명 이상 동의를 받아야 정부가 법률안을 국회에 제출할 수 있도록 해 국회의 입법권 강화 ▲국회의 예산 심의권 강화를 위한 예산 법률주의 도입 등의 안도 함께 제시했다.

찬성 입장 : 대통령 연임제는 이제 늦출 수 없어!

대통령 연임제는 우리에게 꼭 필요한 제도라고 생각해. 지금 대통령의 임기는 5년이지. 임기 초반에는 대통령이 열의를 다하지만 임기 말이 되면 나태해지는 경향이 있어. 중간에 국민의 평가를 받지 않기 때문이야. 다시 선출되어 집권이 가능하다면 대통령은 긴 안목을 가지고 정책을 수립할 수 있을 거야. 우리나라도 다른 선진국처럼 대통령의 장기적인 리더십이 필요할 때야.

반대 입장 : 오히려 득보다 실이 많을 거야!

대통령을 연임제를 실시하면 대통령 권한이 더 커지는 거잖아? 안 그래도 우리나라는 대통령의 권한이 큰 편이야. 이런 상황에서 연임제까지 하면 독재가 우려돼. 대통령의 비리, 권력 남용 등도 지금보다 많아질 거야. 또 연임제로 바꾸려면 헌법을 바꿔야 해. 즉 개헌이 필요하다는 것이지. 개헌은 시간도 많이 걸리고 국민 정서상 통과되기도 힘들 거야.

∘ 대통령이 되고 싶은 자의 최후 ∘

국가를 대표하고 행정권의 가장 높은 자리에 있는 최고의 통치권자 대통령. 여러분은 한 사람이 대통령직을 몇 번 지낼 수 있다고 생각하나요? 현재 우리나라는 대통령을 딱 한 번만 할 수 있습니다. 헌법상 임기 5년이 지나고 나면 이유를 막론하고 자리에서 내려와야 하지요.

그런데 다른 나라를 보면 10년이고 20년이고 대통령 자리에 있는 지도자를 볼 수 있습니다. 우리나라와 가까운 러시아와 중국에도 블라디미르 푸틴 대통령과 시진핑 주석이 있지요. 푸틴 대통령은 1999년 이후 20년 이상 러시아를 장기 집권 중입니다. 중국은 2018년 3월 헌법에서 국가 주석의 임기를 제한하는 규정을 없애서 사실상 시진핑 주석의 장기 집권이 예상됩니다.

반대로 장기 집권을 꿈꾸다 쫓겨난 대통령도 있습니다. 바로 우리에게는 우유니 소금 사막으로 잘 알려진 나라 볼리비아의 에보 모랄레스 전 대통령입니다. 중남미에는 과거 독재가 많았기 때문에 대통령을 한 번만 할 수 있는 국가가 많습니다. 볼리비아는 1회에 한해서만 다시 대통령을 할 수 있는 나라였지요. 그런데 모랄레스 대통령은 개헌을 해서 3회까지 연속해서 대통령을 지낼 수 있게 만

들었고, 2006년부터 2019년까지 14년간 남미 최장수 지도자가 됩니다.

그러던 2019년 그는 또다시 개헌을 강행해 4선에 도전합니다. 집권 여당이 헌법재판소에 헌법 소원을 넣어서 "대통령의 연임 제한은 인권 침해다"라는 판결을 받아낸 것입니다. 그런데 대선 개표에서도 또 문제가 발생합니다. 개표가 83퍼센트 진행된 상황에서 갑자기 중지되더니 24시간 후에 모랄레스 대통령이 10퍼센트 이상 앞서고 있다는 결과가 발표된 것입니다.

미주기구OAS(아메리카 대륙의 협력을 위해 설립한 기구)는 대선 과정에 부정이 있었다는 결과를 발표했고, 분노한 볼리비아 국민은 시위를 벌였습니다. 시위가 어찌나 거셌던지 대중교통이 마비되고 버스 60여 대와 건물이 불탔으며 이십 대 학생이 사망하기도 했습니다. 이어서 군대와 경찰까지 사퇴를 요구하자 결국 모랄레스 대통령은 스스로 물러납니다.

모랄레스 대통령의 사퇴는 이념에 따라 그 평가가 갈립니다. 합법 정부를 몰아낸 쿠데타인지, 시민의 힘으로 불법 정권을 몰아낸 민주주의의 승리인지 말입니다. 하지만 이런 평가와 관계없이 우리는 그의 이야기에서 한 사람이 국가 지도자로서 자리한다는 것이 얼마나 중요하고 무거운 일인지를 알 수 있습니다.

• 대통령제 vs 의원 내각제 •

국가의 운명을 택시에 비유해 보겠습니다. 국민이 탄 택시가 달리는 길은 한 치 앞도 보이지 않는 안갯길입니다. 국민이 원하는 목적지에 안전하게 도착하려면 어떻게 해야 할까요? 그렇습니다. 믿을 수 있는 사람에게 운전을 맡겨야 하지요. 가능한 한 듬직한 사람을 택시 운전사로 뽑아야 합니다.

우리나라에는 큰 선거가 두 번 있습니다. 대선과 총선입니다. 대선에서는 운전대를 잡고 국정을 운영할 대통령을 뽑고, 총선에서는 사람들을 대표해 법이라는 규칙을 만들고 운전사가 규칙을 지키며 운전하는지 감시하는 국회의원을 뽑습니다.

이렇게 뽑힌 택시 운전사, 즉 대통령이 가지는 권한은 막강합니다. 우리나라 대통령은 대표적으로 이런 권한을 가지고 있습니다.

1. 나라를 대표해서 외교 활동을 한다.
2. 전쟁을 하기 전 다른 나라에 전쟁을 알리는 선전 포고를 한다.
3. 나라에 위급한 일이 있을 때 긴급 명령을 내리고 계엄을 선포한다.
4. 나라의 중요한 결정을 할 때 국민 투표를 실시할 수 있다.
5. 국회에 법을 제안하거나 국회가 만든 법을 거부할 수 있다.

6. 대법원장, 대법관, 헌법재판소 재판관 중 일부를 임명한다.

7. 공무원을 임명하고 행정부를 지휘한다.

8. 국무 회의를 책임지고 맡아서 처리한다.

9. 국군을 통솔한다.

어때요. 생각보다 권한이 많죠? 한 나라의 대통령은 전쟁을 결정하고 계엄을 선포할 뿐만 아니라 행정부를 지휘하고 대법관까지 임명할 수 있습니다. 따라서 대통령으로 누구를 뽑고 권한을 얼마나 길게 이어갈 수 있게 할지는 매우 신중해야 하는 문제입니다.

그렇다면 국가의 택시 운전사는 어떤 방식으로 뽑는 것이 가장 좋을까요? 우선 다른 나라에서는 국가를 끌어갈 대표를 어떻게 정하고 있는지부터 알아봅시다.

퀴즈를 하나 내 볼게요. 문장을 하나 제시할 테니 맞으면 '○', 틀리면 '×'라고 답해 봅시다. "민주주의 국가인 미국과 영국에서 정부의 수장은 각각 대통령과 여왕이다." 아마도 여러분은 대개 '○'라고 했겠죠.

그런데 말입니다. 이 문장에는 틀린 부분이 하나 있습니다. 미국 정부의 수장은 대통령이지만, 영국 정부의 수장은 여왕이 아닌 총리입니다. 물론 대통령과 여왕이 각 나라를 대표하는 사람인 것은 틀림없습니다. 그러나 역할에는 분명한 차이가 있지요.

영국 왕실의 역할은 실질적인 정치가 아니라 오랜 전통에 따라 나라를 대표하는 상징으로서 존재하는 것입니다. 영국 하면 대부분 여왕을 떠올릴 만큼 인지도가 높은데, 정작 여왕은 정치력을 가지지 못한 '무늬만 대장'인 것일까요? 지금부터 우리가 함께 나눌 이야기, 정부의 여러 가지 형태에 그 답이 들어 있습니다.

민주주의 국가에서 정부 형태는 크게 두 가지입니다. 대통령제와 의원 내각제입니다. **대통령제**는 대통령을 중심으로 국정이 운영되는 정부 형태인데요. 대통령이 자신의 임기 동안 강력한 집행권을 행사함으로써 정국의 안정을 꾀할 수 있다는 장점도 있지만, 대통령의 권한이 비대해질 경우 독재 정치가 될 가능성도 배제할 수 없습니다. 대통령이 무능하고 국민의 의사에 반하는 정치를 펼쳐도 그것을 해결할 제도가 별로 없기 때문이죠. 물론 대통령이 심각한 범죄를 저질렀다면 탄핵 심판으로 책임을 물을 수 있지만 매우 드문 일입니다.

또 하나의 문제점은 임기 후반으로 갈수록 대통령의 힘이 약해진다는 점입니다. 특히 여소야대與小野大(여당의 국회의원 수보다 야당의 국회의원 수가 많은 경우)가 될 경우 레임덕 현상(임기가 끝나갈 때쯤 대통령의 권력이 약해지는 현상)은 극대화됩니다. 국민의 폭넓은 지지를 받고 있다면 정국을 헤쳐 나갈 수 있겠지만 임기 말에는 일반적으로 지지율이 떨어지는 경우가 많습니다. 그렇지만 여전히 대통령제는 민주주의 정부에서 가장 흔한 형태입니다. 우리나라를 비롯해 미국, 브라질, 콜롬비아 등 대다수 나라가 대통령제를 채택하고 있습니다.

의원 내각제는 의원 수가 가장 많은 정당 대표가 총리(수상)가 되어 내각(국가의 행정권을 담당하는 최고 합의 기관)을 구성하고 국정을 운영하는 정치 제도입니다. 의원 내각제는 18세기 초 영국에서 처음 만들어졌습니다. (다만 내각이 있어도 여전히 영국에는 왕이 있습니다. 상징적인 존재에 불과하지만요.)

그렇다면 의원 내각제의 장점은 뭘까요? 바로 총리와 장관의 의원 겸직이 가능하다는 점입니다. 법을 제안하는 의원의 역할과 법에 따라 정책을 실행하는 총리, 장관의 역할을 한 사람이 동시에 할 수 있습니다.

그런데 만약 내각을 맡은 여당이 정치를 너무 못해서 지지율이 완전히 떨어진다면 어떻게 될까요? 그럴 경우 야당을 비롯한 의회는 **내각 불신임권**을 내세워 내각에 정치적 책임을 물을 수 있습니다. 내각 불신임안이 가결되면 내각 구성원 전원은 책임을 지고 물

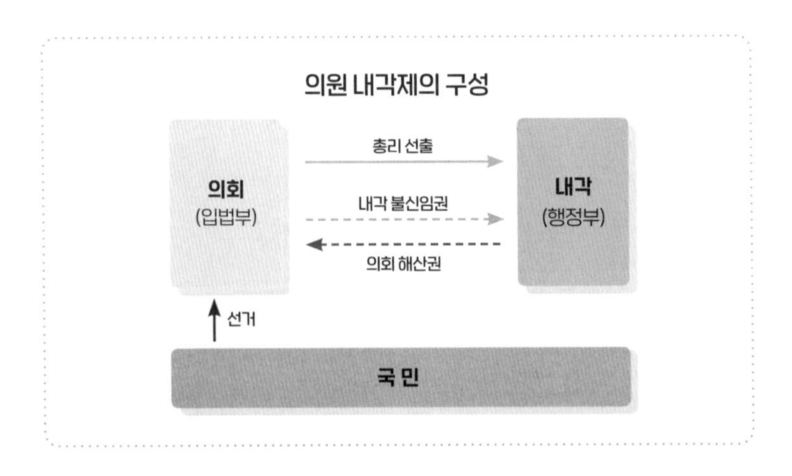

러나야 합니다. 마찬가지로 내각은 **의회 해산권**을 가집니다. 내각이 의회를 해산시키면 선거를 다시 하고 새로운 의회가 구성됩니다. 물론 의회와 내각이 내각 불신임권과 의회 해산권을 수시로 쓰면 정국이 불안해집니다.

그렇지만 의원 내각제는 민의가 잘 반영될 수 있는 정치 체제입니다. 장관과 의원을 겸하는 사람이 법 제정부터 정책 실현까지 국민의 요구에 민감하게 반응해서 실행하거든요.

반면 대통령제에서는 의원의 행정부 겸직이 금지입니다. 장관과 국회의원을 동시에 할 수 없어요. 따라서 대통령은 당선과 동시에 의회와는 완전히 독립적인 인물로 내각을 구성해야 합니다. 대통령이 임명한 장관들은 의회의 간섭을 받지 않고 오로지 대통령만 따릅니다. 행정부의 정상은 의회가 아닌 국민이 뽑았으니까요.

대통령은 국회에서 의결되어 정부에 넘어온 법률에 이의 신청을 할 수 있는 **법률안 거부권**도 가집니다. 대통령이 가진 법률안 거부권은 의회의 다수파를 견제하고 소수파의 권익을 보호하는 기능을 합니다. "우리 정당이 의회를 장악했으니 마음껏 권력을 휘두를 수 있겠구나!"라고 생각한다면 엄청난 오산이죠. 입법부가 의결한 법률안을 대통령이 거부함으로써 그 효력이 발생하지 못하도록 할 수 있으니까요.

1948년 대한민국 건국 당시만 해도 민주주의 국가의 대표적인 정치 제도는 의원 내각제였습니다. 우리나라도 현재는 대통령제 국가지만 제헌 헌법 때부터 의원 내각제적 요소를 많이 받아들였고, 4·19혁명으로 수립된 2공화국 때는 실제로 의원 내각제를 시행하기도 했습니다. 그래서인지 우리나라의 대통령제는 의원 내각제 요소를 도입한 특이한 형태를 띠고 있습니다.

우선 우리나라에는 **국무총리**와 **국무위원**이 있습니다. 대통령도 있으면서 내각제의 내각에 해당하는 국무 회의와 이를 주재하는 총리가 존재합니다. 다만 헌법상 행정 수반은 총리가 아닌 대통령이 맡고 있기 때문에 국무총리는 대통령을 보좌하고 지시를 받을 뿐 실권이 별로 없습니다. 다른 나라 내각제의 총리와는 역할이 다른 것이죠.

또 다른 내각제적 요소는 **대통령의 법률안 제출권**입니다. 미국은 엄격한 삼권 분립을 추구하기 때문에 입법권은 의회에만 주어집니다. 대통령이 의원을 설득해 법률안을 제출하게는 해도 대통령의 이름으로 법률안을 제출할 수는 없죠.

그러나 우리나라에서는 대통령에게 법률안 제출권이 주어질 뿐 아니라 주요 입법 활동의 상당수가 대통령의 이름으로 진행됩니다. 미국과 달리 행정부가 국가 운영을 주도하고 있기 때문입니다. 또한 대통령이 거부한 법은 국회의원 3분의 2 이상이 찬성해야 통과됩니다.

국회의원이 장관도 될 수 있기 때문에 여당 인사가 정부를 장악하는 경우도 많습니다. 그리고 대통령이 국회에 출석해서 연설할 수 있는 의사 표시권을 가진다는 점, 국회가 국무총리와 국무위원 해임 건의권을 가지며 국회 출석 요구권과 질문권까지 가지고 있다는 점도 특징입니다. 뉴스를 보면 '대정부 질문'이라면서 국무총리와 국회의원이 설전을 벌이는 장면이 나오는데 국회가 국무총리에게 출석을 요구해 질문을 던지는 상황입니다.

∘ 이원 정부제도 있습니다 ∘

대통령제와 의원 내각제에 완벽하게 부합하는 정부는 없습니다. 나라마다 상황에 맞게 정부를 구성하기 때문이죠. 그럼 대통령제와 의원 내각제를 섞은 정부 형태는 없을까요? 당연히 있습니다. 바로 **이원 정부제**입니다.

이원 정부제는 외형상으로는 대통령제와 유사하고, 절차상의 원리는 의원 내각제의 속성을 많이 가집니다. 이원 정부제를 채택한 대표적인 국가는 프랑스인데요. 그래서 프랑스 대통령제라고도 부르고 있습니다. 프랑스 정치를 다룬 뉴스를 보면 특이한 부분이 눈에 띌 것입니다. 영국이나 미국의 정치 상황을 보도할 때는 총리나 대통령 한 사람이 집중적으로 부각되는 반면 프랑스 정치 뉴스는 늘 총리와 대통령이 함께 거론된다는 점입니다. 한때는 자크 시라크 전 프랑스 대통령과 리오넬 조스팽 전 총리 간 갈등이 이슈가 되기도 했습니다. 프랑스는 유독 대통령과 총리 사이에 갈등이 심하기 때문입니다.

대통령제에서는 대통령을 배출한 정당이 언제나 여당입니다. 당연히 대통령을 배출하지 못한 정당이 야당이죠. 그래서 여당이 국회의원 선거에서 전체 의석의 과반수를 차지하지 못하면 여소야대가 되어 국정 운영이 원활하지 못합니다. 여당이 추진하는 법률안을 다수의 야당이 반대하면 통과되지 못하니까요.

하지만 프랑스에서는 여소야대가 없습니다. 국회의원 선거에서 이긴 정당이 무조건 여당이 되어 국정을 장악합니다. 대통령의 소속당이 총선에서도 이겼다면 대통령은 힘을 받아 막강한 권한을 휘두를 수 있습니다. 하지만 총선에서 야당이 이겼다면 대통령의 권한은 매우 작아지며 실권은 야당에서 뽑힌 총리가 쥐게 됩니다. 그래서 당시 시라크 대통령이 실권을 잃어버리고 국민적 지지를 받은 조스팽 총리가 사실상 대통령보다 더 강한 권력을 가지는 일이 일어났죠.

어떻게 대통령과 총리가 동시에 최대 권력자로 존재하냐고요? 최고 권력을 쪼갠 것입니다. 생각해 보세요. 국가의 권력이 입법부, 행정부, 사법부로 나뉘긴 했지만 사실상 행정부의 권력이 너무 크잖아요. 그래서 프랑스는 행정부의 권력을 다시 두 개로 나눴습니다. 대통령은 국방과 외교를 담당하고, 총리는 내정(국내의 정치)에 관한 행정권을 갖는 이원적 구조입니다. 따라서 평상시와 비상시의 국정 운영 방식도 다릅니다. 평상시에는 내각이 행정권을 행사하는 의원 내각제로 운영되다가 전쟁 같은 비상시에는 대통령이 행정권까지 행사하는 강력한 대통령제로 운영되지요.

프랑스 대통령과 총리의 권한

대통령	총리
국민이 직접 선출한 대통령이 국가 원수로서 통일, 외교, 국방 등 안정적인 국정 수행	대통령이 임명하는 총리가 내정에 관한 행정권을 맡아 책임 정치 수행

프랑스의 이원 정부제는 두 가지 형태로 나타납니다. 대통령과 총리가 같은 정당에서 나올 때와 그 반대의 경우인데요. 대통령이 속한 정당이 의회 다수당이 될 경우에는 한국식 대통령제와 비슷한 성격을 가집니다. 즉 총리가 대통령 밑에서 일하는 수직적 관계를 형성하지요.

하지만 소수당에서 대통령이 나올 경우 그는 다수당이 요구하는 총리를 임명해야 하고, 총리가 내각 구성에 전권을 행사합니다. 이와 같이 권력을 나눠 가지는 형태를 **동거 정부**라 부릅니다. 프랑스는 정치적으로 좌파와 우파가 대통령과 총리를 나눠 맡아 국정을 돌봅니다. 정치적 입장이 다른 만큼 대통령과 총리의 대립이 심해지면 국정이 불안정해지죠. 실제 시라크 대통령은 우파였고 조스팽 총리는 좌파였습니다.

대통령의 임기 제도는 크게 세 가지 단임제, 연임제, 중임제로 나눌 수 있습니다. 먼저 **단임제**는 말 그대로 딱 한 번만 대통령을 할 수 있는 제도입니다. 나라에서 정한 임기만 채우는 것이죠.

연임제는 연속해서 대통령직을 할 수 있다는 것을 뜻합니다. 즉 대통령으로 재직해 임기를 마친 뒤 또 당선이 될 경우 다시 대통령으로 재직할 수 있습니다. 차기 대선에서 패하면 재출마가 불가능합니다.

반면 **중임제**는 연임제와 달리 횟수에 상관없이 선거 출마가 가능합니다. 차기뿐만 아니라 차차기 등 언제든지 대선에 나올 수가 있죠. 즉 현직 대통령이 다음 대선에서 떨어져도 이후 다시 출마할 수 있습니다.

대통령의 선출과 권한은 아주 중요해서 우리나라 헌법에까지 새겨져 있습니다. 우리 헌법에서 대통령은 5년 단임제(대통령 임기는 5년이며, 한 번밖에 할 수 없다)입니다. 이것을 4년 연임제(대통령 임기를 4년으로 하고, 이어서 대통령을 할 수 있게 한다)로 바꾸자는 의견이 많습니다. 1987년 대통령 직선제 개헌 이후 대통령직에 대한 개헌 논의는 꾸준히 진행되어 왔고 지금도 진행 중입니다. 최근에도 관런 뉴스가 쏟아지고 있지요.

연임제가 왜 어려운 이슈인지 알기 위해서는 '헌법'과 '개헌'이라는 용어를 이해해야 합니다. 우리나라는 민주주의 국가입니다. 민주주의의 주인은 국민입니다. 국민은 자유롭고 행복할 기본권을 가집니다. 국가를 구성하는 모든 기관은 국민의 기본권을 보장하기 위해 존재하며, 이를 위해 법과 제도를 만듭니다. 너무 당연한 말 같지만 절대 쉬운 일이 아닙니다. 그리고 이를 가능하게 하는 것이 **헌법**입니다. 헌법은 민주주의와 법치주의를 보장합니다. "헌법은 나라의 영혼이다"라는 말은 헌법이 한 국가에 얼마나 중요한지 잘 설명해 줍니다.

헌법은 법 위의 법, 최상위 법입니다. 헌법에 위배되는 법률은 만들 수 없습니다. '헌법에 위배'되는 법률은 **위헌**입니다. 한자로 어길 위違에 법 헌憲 자를 씁니다. 이 위헌 여부를 결정하는 곳은 박근혜 대통령의 탄핵으로 많은 사람이 알게 된 헌법재판소입니다.

개헌은 '헌법을 바꾼다'라는 뜻입니다. 한자로 고칠 개改에 법 헌憲 자를 씁니다. 바꾼다는 것은 시대에 맞춰 '좋게 바꾼다'라는 뜻이지요. 우리나라 헌법은 1948년 7월 17일 공포된 뒤 그동안 모두 아홉 차례에 걸쳐 바뀌었습니다. 하나같이 민주주의와 법치주의를 강조했지만 1954년 11월 27일 2차 개헌처럼 초대 대통령 이승만이 더 오래 집권하기 위해 바꾼 경우도 있습니다. 1972년 12월 27일 7차 개헌도 박정희 전 대통령의 장기 집권을 위해 유신 헌법으로 개정했죠.

가장 최근의 개헌은 1987년 10월 27일에 있었던 9차 개헌입니다. 군사 정부의 독재에 전 국민이 거세게 저항하면서 대통령을 국민이 직접 선거로 뽑고, 5년간 한 번만 맡으며, 헌법재판소를 설치하는 것이 주요 내용이었습니다.

∘ 헌법을 바꾸면 가능하다! ∘

우리나라는 군사 독재 정권을 겪으면서 대통령의 권한이 지나치게 커졌습니다. 직선제가 정착되고, 민주주의가 발전하고, 의원 내각제 요소가 많지만 여전히 대통령에게 권한이 집중되어 있다는 비판을 받습니다. 대표적인 예로는 대통령의 인사권과 임명권이 있습니다. 우리나라 대통령은 국무총리를 비롯해 국무위원, 감사원장, 검찰 총장 등에 대한 인사권뿐만 아니라 332개 공공 기관 중 74개 기관장에 대한 임명권을 가지고 있습니다. 대통령이 직접 관여하는 자리가 7,000여 개에 달합니다.

이런 권한 때문에 고위 공직자가 알아서 대통령 의중을 읽어 처신해야 하거나 과도한 충성 경쟁이 일어납니다. 게다가 대통령을 견제해야 하는 헌법 기관의 수장마저 대통령이 임명하기 때문에 대통령 앞에 '제왕적'이라는 표현이 붙는 것이죠. 이 같은 불균형을 해소하기 위해 헌법 개정에 공정한 인사 시스템 조항을 포함시켜야 한다는 주장이 나옵니다.

헌법에 근거해 중앙에 집권된 권한을 분산시킬 필요성이 시간이 흐를수록 커지고 있습니다. 그래서 헌법에 보장된 대통령 5년 단임제도 4년 연임제로 바꿔야 한다고 생각하는 사람이 많습니다.

문재인 대통령은 지방 선거와 개헌 국민 투표를 동시에 실시하기 위해 2018년 3월 26일에 개헌안을 발의해 구체적인 불씨를 던졌습니다. 다음은 개헌안 내용 중 대통령 연임제 관련 조항입니다.

> 대통령 헌법 개헌안 제74조(2018년 3월 26일 발의)
>
> 대통령의 임기는 4년으로 하되, 연이어 선출되는 경우에만 한 번 중임할 수 있다.

이 개헌안이 통과가 된다면 다음 대통령부터는 최대 8년까지 대통령직을 유지할 수 있습니다(개헌안에 현직 대통령은 포함되지 않습니다). 하지만 개헌안은 아직 국회 문턱을 넘지 못하고 있습니다. 헌법 개정 절차가 만만치 않기 때문이죠.

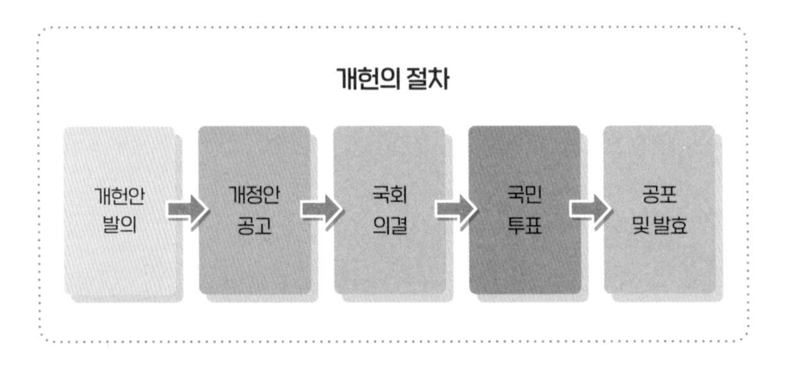

헌법 개정은 국회 재적 의원 과반수나 대통령이 제안해서 이루어지는데요. 대통령은 개헌안을 제안할 때 반드시 국무 회의의 심의를 거치고 20일 이상 공고(일반 대중에게 널리 알림)해야 합니다. 헌법 개정안을 국민에게 알리고 생각할 시간을 주기 위해서죠. 그러고 나서는 국회의 의결(의사 결정)이 필요합니다. 이 경우 국회 재적 의원의 3분의 2 이상이 찬성해야 합니다. 중요한 점은 개헌안을 수정해서 의결할 수 없으며, 원안 그대로 가부 투표(찬성과 반대 투표)를 해야 한다는 것입니다. 이렇게 국회 의결까지 통과한 개헌안은 국민 투표에 부쳐집니다. 전체 유효 투표권자의 과반수가 투표하고 투표자 과반수가 찬성하면 개헌안은 통과가 됩니다. 개헌안이 확정되면 대통령은 즉시 이를 공포해야 하며, 공포 즉시 효력이 발생합니다.

그렇다면 결국 헌법 개정은 누가 하는 걸까요? 그렇습니다. 바로 국민이 하는 것입니다. 국회가 결정한다고 끝나는 것이 아니라 국민 투표를 통과해야만 확정되는 것이 개헌입니다. 국민의 의견 반영과 동의가 반드시 필요한 것이죠.

◦ 연임제가 언제나 이슈인 이유 ◦

우리나라에서 대통령 연임제 개헌은 선거 때마다 나오는 이슈입니다. 임기 말에 대통령이 개헌을 하자고 제안합니다. 그러면 차기 정권을 노리는 후보들은 "정권 연장을 위한 수단"이라고 반대하죠. 그런데 대선이 다가오면 개헌에 반대했던 후보들이 대선 공약으로 개헌을 집어넣습니다. 막상 대통령이 되면 "지금은 개헌을 할 시기가 아니다"라고 말하고, 그러다 위기다 싶으면 또다시 개헌 카드를 꺼냅니다.

매번 말만 나왔다가 들어가는 대통령 연임제 개헌. 중요하지만 그만큼 실현되기 힘든 난제입니다. 대통령 4년 연임제를 반대하는 입장은 대통령의 권력 독점을 경계합니다. 우리나라는 군부 독재의 아픔이 있기 때문에 한 사람이 오랫동안 권한을 이어 가는 것에 거부감이 큽니다. 또한 정치적으로 자신들과 입장이 다른 대통령이 연임하지 않도록 경계하는 면도 있습니다.

반면 찬성하는 입장에서는 효율성을 중시합니다. 5년이라는 시간은 대통령에게는 터무니없이 짧게 느껴집니다. 대통령제의 큰 장점은 임기 동안 국정을 안정적으로 운영할 수 있다는 점인데, 시행착오 1년, 레임덕 1년을 빼면 실질적으로 힘 있게 정책을 밀고 나갈 수 있는 시간은 3년밖에 안 되죠. 상황이 이렇다 보니 장기적인 안목으로 정책을 펼치기는 어렵고, 임기 내에 업적을 만들기 위해 검증되지 않은 정책을 무리하게 밀어붙입니다. 그리고 다음 대통령은 이전 정책을 백지화하고 자신만의 정책을 다시 펼칩니다. 국가의 연속성과 장기적 비전이 없어지는 것이죠.

반대로 국민에게는 5년이라는 시간이 어떻게 느껴질까요? 너무 길게 느껴집니다. 임기 동안 대통령이 국정 운영을 잘했는지 못했는지 국민이 재평가하는 장치가 없으니까요. 세상은 변하고 사람도 변하고 건강 상태도 변하는데 대통령을 평가하고 바꿀 기회는

우리나라는 대통령의 권한이 큰 편입니다.
따라서 권한을 분산해야 한다는 주장이 꾸준히 나오고 있죠.
어느 방향이 국민에게 좋은 길일까요?

없으니 답답합니다. 이렇다 보니 대통령은 국민의 비판에 민감하지 않고 국정을 자기중심적으로 운영하는 경향이 꽤 큽니다.

이런 반복되는 실패 때문에 권력 구조 개편에 초점을 맞춰 대통령 4년 연임제가 많이 논의됩니다. 대통령은 처음 4년은 국민에게 다시 선택받기 위해 멋진 정치를 하려고 노력할 것이고, 잘해서 다시 선출되면 긴 안목을 가지고 정책을 수립할 수 있습니다. 국민 역시 긴 안목으로 정책을 바라보고 그 정책에 동의한다면 표를 주고 힘을 실어 줄 것입니다. 반대로 대통령의 첫 번째 임기가 실패라고 판단되면 재임을 못 하도록 하겠죠.

장점은 또 있습니다. 국회의원 임기도 4년, 지방자치 단체장 임기도 4년이니까 대통령 임기만 4년으로 바꾸면 한 번에 선거를 치를 수 있습니다. 당연히 국민의 세금으로 충당하는 선거 비용도 크게 줄어들겠죠.

미국의 오바마 대통령도 연임을 한 대통령입니다. 2009년에 이어 2012년 대선에서도 재선에 성공해 8년간 대통령직을 지냈습니다. 이 8년 동안 그는 오바마케어 같이 자신의 이름을 딴 정책을 펼쳤습니다. 오바마 정부에 대한 평가는 논외로 치더라도 각 정책이 장기적인 관점을 가지고 실행된 것은 부정할 수 없습니다.

연임제의 핵심은 권력 분산입니다. 현재 우리나라는 대통령이 가지고 있는 권한이 막대한 만큼, 대통령 4년 연임제는 어느 방향이든 언젠가는 개헌을 통해 우리 국민이 결정해야 할 문제입니다.

6장

인사 청문회, 도움이 될까?

인사 검증을 위한 절차다

VS

공직 기피 현상만 생긴다

인사 청문회, 도움이 될까?

인사 청문회 실시, 도덕성 검증에 칼날 세우나

다른일보 **이시국 기자**

국회는 오늘 ○○○ 공정거래 위원장 후보자와 □□□ 과학기술통신부 장관 후보자의 인사 청문회를 실시했다. ○○○ 후보자는 인사 청문회에서 우리나라 재벌에 대해 "한국 경제를 위해 같이 일해야 할 파트너라고 본다"라고 밝혔다. □□□ 후보자는 자녀의 부정 입학 논란에 휩싸이기도 했다. 청문회장에서는 이를 두고 여당과 야당 의원 간 고성이 오갔다.

한편에서는 인사 청문회가 절차만 있고 실제 후보자의 자격을 검증하는 데는 회의적이라는 의견도 나왔다. 과도한 신상 털기 때문에 제대로 된 검증이 이뤄지지 않고, 자격이 있는 후보자도 공직을 기피하는 현상이 생긴다는 것이다.

찬성 입장 : 국민을 위해 올바른 공직자를 뽑는 일이야!

요즘 TV를 틀면 인사 청문회 장면이 자주 나와. 보다 보니 제법 흥미진진하던데? 국회의원들이 후보자가 해당 직위에 적합한 인물인지 알기 위해 여러 질문을 던지더라고. 인사 청문회는 국회가 정부를 통제하는 중요한 수단인 것 같아. 고위 공무원 임명 과정에 대한 정보도 제공해 주고, 국민의 알 권리도 충족시키는 효과가 있어 꼭 필요한 제도라고 생각해.

반대 입장 : 원색적인 비난만 나오는 자리야!

나는 TV에서 싸우는 장면밖에 보지 못했어. 인사 청문회는 대통령이 제멋대로 인사권을 행사하는 것을 막기 위한 제도 아니야? 본질을 흐리는 어이없는 장면에 참 실망했어. 후보자 신상을 지나치게 노출시키는데다, 여당은 후보자를 무조건 감싸고 야당은 후보자의 단점을 부풀려서 공격 수단으로 이용해. 인사 청문회가 인신 공격과 신상 털기의 장이 된다면 차라리 없는 게 낫지 않을까?

◦ 이런 인사 청문회 볼 수 없나요? ◦

드디어 국회에서 열린 인사 청문회. 국민의 비상한 관심 속에 출발한 인사 청문회였는지라 방송사들은 앞다투어 생방송에 돌입했습니다. 맨 먼저 증인 선서를 한 사람은 자타가 인정하는 청렴의 상징 강맑음 후보자입니다. 송곳 질문으로 소문난 이예리 국회의원이 질문합니다.

"청문회를 앞두고 강맑음 국무총리 후보자의 면면을 조사했습니다. 딱히 결격 사유는 안 보이더군요. 다만 한 가지, 후보자의 아들은 현재도 집에서 두문불출 공부만 한다지요? 이유가 무엇입니까?"

강맑음 후보자가 답변합니다.

"네, 원하는 대학에 두 번이나 떨어지는 바람에 절치부심의 자세로 다시 공부하고 있습니다."

"그렇다면 삼수를 하고 있다 보면 됩니까?"

"그렇습니다."

국회 방청석의 모든 이가 안타깝다는 탄식을 내뱉습니다.

"다음은 문화체육관광부 장관으로 내정된 예채릉 후보자 순서입니다. 예 후보자는 현재 살고 있는 집이 어디입니까?"

"네, 저는 현재 20평짜리 연립 주택에서 살고 있습니다."

"후보자는 공직 생활도 오래 해서 더 넓은 집에 살 거라 생각했는데 의외군요."

"저는 1960년대에 출생해 가난한 형편에서 자랐고 형제도 많습니다. 하여 어려운 사정의 형제를 도와주다 보니 그만."

'역시나'라는 탄성이 청문회장을 훈훈하게 만듭니다. 인사 청문회는 속전속결로 이어지고, 열띤 논쟁도 뜨거운 드라마도 없는 평온함에 국회의원들은 하품을 참기가 힘이 듭니다.

"다음은 누구죠?"

"지식경제부 장관 차례입니다."

"우리가 수집한 문건은 다 보셨나요?"

"네, 그런데 마찬가지로 깨끗합니다. 이분도 하나마나입니다."

"그러면 나머지 장관 후보들도 서류 검토만 하고 끝냅시다!"

"좋습니다! 듣던 중 반가운 소리네요!"

말도 많고 탈도 많은 청문회

여러분은 선출직 공무원과 임명직 공무원의 차이를 알고 있나요? **선출직**은 보통·직접·평등·비밀 선거라는 4대 원칙이 지켜지는 가운데 투표로 선출된 공직을 말합니다. 대표적으로 국회의원 선거를 통해 선출하는 국회의원, 대통령 선거를 통해 선출하는 대통령, 지방 선거를 통해 선출하는 광역시장, 도지사, 교육감, 자치구청장, 시장, 군수, 광역시·도의회 의원, 구·시·군의회 의원, 교육의원 등이 있습니다. 국민의 선택을 받은 만큼 선출직 공무원은 강한 권력을 가지고 국가 정책을 결정합니다.

임명직은 우리가 흔히 말하는 공무원에 해당합니다. 공채 시험에 합격하거나 특채에 선발된 다음, 국가로부터 정식으로 임용되어 근무합니다. 선출직을 제외한 거의 모든 공무원이 이에 해당합니다.

인사人事가 만사萬事라는 말이 있을 만큼 사람을 뽑고 배치하는 일은 아주 중요합니다. 특히나 국민을 위해 정부에서 일하는 공직자를 뽑을 때는 더욱 그렇죠. 그래서 생긴 제도가 바로 **인사 청문회**입니다. 인사 청문회는 대통령이 장관이나 검찰총장 같은 행정부의 고위 공직자를 임명하려고 할 때, 국회에서 후보자의 자질을 검증하는 자리입니다. 대통령이 "이 사람을 장관으로 뽑겠습니다"라고 하면 국회의원들이 "우리가 장관이 될 자격이 있는지 따져 보겠습니다"라고 하는 것이죠. 따라서 국회가 대통령을 견제하는 장치라고도 할 수 있습니다.

대통령은 자신의 마음에 드는 인물을 고위 공직자로 우선적으로 임명할 수 있습니다. 그런데 대통령이 뽑았다고 해서 무조건 믿을 수는 없습니다. 인성은 훌륭한지, 업무에 적합한지, 범죄 이력은 없는지 확인하는 과정이 필요합니다. 따라서 인사 청문회에서 국민이 궁금한 것, 알아야 하는 것을 국회의원이 대신 묻고 그 대답을 듣습니다.

청문회에는 인사 청문회 외에도 입법과 관련된 정보와 전문적인 지식을 듣는 입법 청문회, 쟁점이 된 사건의 진상을 규명하는 조사 청문회 등이 있습니다. 어떤 청문회든 모든 과정을 국민이 알 수 있도록 공개하는 것이 원칙입니다. 필요하다면 관련된 증인이나 참고인에게 출석을 요구해서 증언과 진술을 들을 수도 있습니다.

하지만 인사 청문회가 본래의 기능과 취지를 다하지 못하고 있다는 의견도 많습니다. 이 장에서는 말도 많고 탈도 많은 인사 청문회의 찬반론을 짚어 보고 가겠습니다. 인사 청문회를 긍정적으로 평가하는 의견은 다음과 같습니다.

"정무직(정치적인 공무원이라는 뜻으로 선거를 통해 취임하거나 국회가 임명에 동의해야 하는 특수 경력직 공무원)은 대체로 고위직이므로 국정에 미치는 영향이 매우 커. 따라서 대통령이 가지는 정무직 인사권은 인정하되 권력 남용을 견제해야만 해. 그런 의미에서 인사 청문회는 훌륭한 권력 견제 장치야. 후보자의 정치적 판단 능력과 정책 능력뿐만 아니라 재산 형성 과정, 납세 실적, 병역 사항 등도 보게 되어 있어. 고위직 자리를 희망하는 사람은 능력과 도덕성을 갖추기 위해 노력과 준비를 할 것이고, 부적격자는 스스로 자리를 포기하겠지. 결국 인사 청문회는 적격자를 임용할 수 있는 가능성을 높이고 임용된 공직자가 권위와 대중적 신뢰를 얻게 해 줘. 공직자 스스로도 자신감과 추진력을 가지고!"

하지만 요즘은 인사 청문회의 무용론을 지적하는 의견도 심심찮게 나오고 있습니다.

"대부분의 대통령 인사는 청문회를 하고 난 다음에 인준(국회가 후보자의 임명을 인정하는 일) 단계가 필요 없어. 즉 국회가 반대하는 결과가 나와도 대통령이 밀어붙이면 임명할 수 있지. 또 국회가 여러 가지 검증을 하는 것까지는 좋지만 법적 구속력은 거의 없어. 청문회의 검증 기준을 확실하게 할 필요도 있어. 어떤 후보자는 도덕적인 문제를 가지고도 통과하고 때론 정부가 갑작스레 지명을 철회하기도 하니까 너무 들쭉날쭉하거든. 인사 청문회 자리에서 개인 신상을 지나치게 공격해서 후보자를 흠집 내 버리는 경우도 흔해. 이러면 능력이 탁월한 후보자까지 공직을 맡으려 하지 않을 거야."

여러분도 TV나 유튜브에서 서로 고성이 오가는 인사 청문회 장면을 보셨을 거예요. 질문을 해도 듣지 않고, 해명을 해도 듣지 않고, 서로 할 말만 하고 제대로 된 인사 검증이 되는지 의문인 상황이 많죠. 이렇다 보니 효과도 없는 인사 청문회를 왜 우리 국민이 지켜봐야 하는지 모르겠다는 질타가 나올 수밖에 없습니다.

◦ 기 싸움의 장, 청문회 ◦

인사 청문회에서 후보자의 어떤 점들이 검증되는지는 인사 청문회법에 명확하게 적혀 있습니다. 직업, 학력, 경력, 병역 신고 사항, 재산 신고 사항, 세금의 납부 및 체납 실적, 범죄 경력 및 후보자의 자질에 관한 추가적인 사항을 확인합니다. 기본적으로 후보자가 대한민국의 국민으로서 의무와 법을 준수하고 살았는지 그래서 공직자가 될 자질이 있는지를 면면히 살펴봅니다.

이렇게만 들으면 검증할 것만 검증하고 청문회를 깔끔하게 끝낼 수 있을 것 같습니다. 하지만 현실에서 청문회는 의혹 제기와 해명이 반복되는 정부와 국회 간 기 싸움의 장입니다. 서로 존중하는 태도로 충분히 질문할 수 있는데도 막말과 고성이 오갑니다. 후보자가 "죄송합니다. 제가 이 자리에서 모든 것을 말씀 드리기 힘듭니다", "좀 더 알아보고 말씀 드리겠습니다"라는 성의 없는 변명을 늘어놓기도 하죠. 어떤 사람은 인사 청문회에 대해 이렇게 말하기도 합니다. "야당에서 전쟁하러 나온 거 아냐?" "어떤 후보자가 저걸 통과해?" "질문하는 본인은 깨끗한 사람일까?" "흠이 없는 사람이 존재해?" 국회위원들이 지나친 기준을 적용한다는 것입니다.

질문자가 업무 능력과 무관한 사생활까지 파헤치는 등 검증보다 공격이 우선인 것처럼 보인다는 비판도 있습니다. 하지만 청문회에 자주 등장하는 문제를 살펴보면 그냥 넘어갈 수 없는 문제가 많습니다. 논문 표절, 음주 운전, 부동산 투기, 탈세, 위장 전입, 자녀 특혜 채용, 자녀 이중 국적, 꼼수 증여 등등…. 이런 문제들은 '그 정도 흠'이라고 볼 수 없는 큰 도덕적 결함입니다.

청문회가 무서운 자리인 것처럼 보이지만 사실 겉치레라고 말하는 사람도 적지 않습니다. 국회의원들이 부적격 판정을 내리더라도 종종 대통령이 임명을 강행하기도 하거든요. 위장 전입 논란, 아들 병역 면제 논란 등이 있는 후보자도 "결정적 하자가 없다"라고 임명해 버리기도 합니다.

그렇다고 대통령이 모든 후보자의 임명을 강행할 수는 없습니다. 대법원장이나 국무총리 등은 반드시 국회의 동의를 받아야 하거든요. 국회의 임명 동의가 꼭 필요한 자리와 받지 않아도 되는 자리는 다음과 같습니다.

-국회의 임명 동의가 필수인 자리: 헌법재판소장, 국무총리, 감사원장, 대법원장, 대법관 13인

-국회의 인준 절차 없이도 임명 가능한 자리: 헌법재판소 재판관 3인, 중앙선거관리위원회 위원 3인, 국무위원 16인, 방송통신위원회 위원장, 국가정보원장, 공정거래위원회 위원장, 금융위원회 위원장, 국가인권위 위원장, 검찰총장, 합동참모총장, 한국은행 총재

국회의 의견을 무시한 채 대통령이 마음대로 임명해 버리면 여론의 몰매를 맞습니다. 국민의 신뢰를 잃은 인사는 큰 질타를 받기 때문에 아무리 대통령이라도 무리하게 임명을 강행할 수 없습니다.

우리는 청문회를 통해 후보자가 그만큼 자질이 있는지 똑바로 지켜봐야 합니다. 인사 청문회는 대한민국 미래의 방향을 설정하는 사람들을 뽑는 면접이며 그 어떤 면접보다 중요하기 때문이죠. 국

민 모두가 매의 눈으로 공직 후보자들의 인사 청문회를 지켜보고, 앞으로 우리나라를 위해 많은 헌신과 노력을 해 달라는 염원을 보냅시다!

∘ 삼권 분립의 중요성 ∘

정리하면 인사 청문회는 대통령이 국가 주요직에 지명한 사람이 과연 적합한 인물인지를 국회의원이 물어 보는 자리입니다. 바쁜 세상에 인사권자인 대통령이 임명했으면 그만이지, 왜 또 국회의원이 나서냐고요? 그렇지 않습니다. 삼권 분립을 제대로 알고 보면 꼭 필요한 자리임을 알 수 있습니다.

인사 청문회의 원조는 미국입니다. 1787년 연방 헌법을 처음 만들 때 정부 공직자를 누가 임명할 것인지를 두고 논란이 벌어졌어요. 결국 연방 헌법 제2조 제2항에 대통령이 정부 고위 공직자를 임명하면 국회가 '인준한다consent'는 내용을 적어 넣었지요. 그리고 상원 의사 규칙에 인사 청문회의 절차를 규정했습니다.

미국이 나라를 세우는 와중에도 이렇게 인사 청문회를 중요하게 여긴 이유는 뭘까요? 답은 연방 헌법의 기본 정신인 **삼권 분립**에서 찾을 수 있습니다. 삼권 분립이란 행정부와 입법부 그리고 사법부가 권력을 나눠 갖는 것을 뜻합니다. 국가 권력을 여러 기관에 분산해 견제와 균형이 이루어지도록 합니다.

"권력이 한곳에 모이면 반드시 부패하게 된다"라는 말 들어 보셨나요? 국왕이 막강한 권력을 독점하고 있었던 과거의 국가를 떠올려 봅시다. 이들 국가의 왕은 혼자서 법을 만들고 시행하고 형벌을 내리는 등 모든 권력을 틀어쥐고 있었죠. 국왕이 횡포를 부려도 견제할 다른 권력이 없기 때문에 국민은 큰 피해를 입을 수밖에 없었습니다. 이처럼 삼권 분립이 제대로 지켜지지 않으면 국가 권력이 강해질수록 국민의 자유와 권리가 침해될 위험이 커집니다.

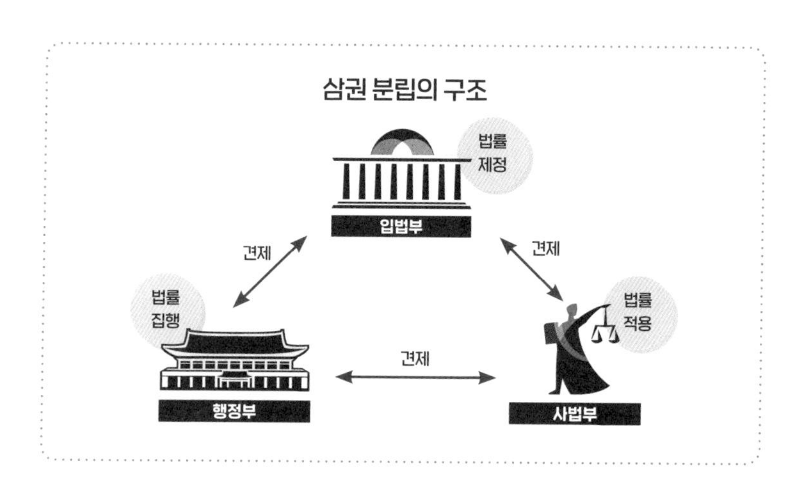

대한민국에서는 헌법 제3장에 국회, 제4장에 행정부, 제5장에 법원에 관해 규정하고 있습니다. 입법권을 담당하는 국회, 행정권을 담당하는 정부, 사법권을 담당하는 법원은 국가의 가장 중요한 통치 기관으로서 삼권 분립을 지켜내는 당당한 주역입니다.

입법부부터 알아보겠습니다. 서울 여의도에 가면 지붕이 둥글고 큰 건물이 있지요? 그 건물이 바로 우리나라 국회 의사당입니다. 국민에 의해 선출된 국회의원과 국회의 활동을 돕는 공무원이 일하는 곳이지요. 국회에서는 법을 만드는 일, 나라의 살림살이에 필요한 예산을 정하는 일 등 국가의 정책을 결정하는 데 필요한 여러 가지 일을 합니다.

행정부 즉 정부는 국회에서 만든 법률에 따라 국가 살림을 꾸립니다. 국가를 발전시키고 국민의 삶을 풍요롭게 하기 위해 여러 가지 정책을 개발하고 실천하지요. 우리나라에서 가장 높은 위치에 있는 지도자가 누구죠? 네, 대통령입니다. 대통령은 우리나라를 대표하는 동시에 나라의 살림을 맡고 있는 정부의 우두머리예요. 정부는 대통령과 국무총리, 행정 각부各部로 구성되어 있어요.

사법부는 법원을 가리키는 말입니다. 여러 사람이 어울려 사는 사회에 모두가 꼭 지켜야 하는 약속이 있는 것처럼 한 나라에는 국민이 지켜야 할 법이 있어요. 법원은 재판을 통해 사람들 사이의 갈등을 해결합니다. 한편 법령의 위헌 여부를 심판하는 특별 재판소로 헌법재판소도 있어요. 헌법재판소는 법원이 아니라서 사법부에 속하지는 않지만, 또 다른 사법 기관으로서 헌법의 해석과 관련된 분쟁을 사법적 절차에 따라 심판합니다.

◦ 정치인의 자질은 뭘까? ◦

여러분, 고위 공직자는 어떤 자질을 갖춘 사람이 되어야 할까요? 인사 청문회를 보다 보면 고위 공직자의 자격 기준을 고민하지 않을 수 없습니다. 정치인의 허물 중 어떤 경우는 허용되고, 어떤 경우는 허용이 안 될까요? 도덕과 정치에 공통적으로 적용되는 객관적 기준을 만드는 것이 가능할까요?

이는 우리가 어떤 기준을 가지고 투표할지와도 관련이 있습니다. 투표에 대한 관심도는 여러 가지 이유로 떨어집니다. 우선 고려해야 할 사항이 많습니다. 정당이 어떤 정책을 주장하는지, 후보자들은 생각이 어떤지, 나쁜 짓을 했는지 안 했는지 등을 알아야 하죠. 국민이 정치권에 기본적으로 가지고 있는 불신도 한몫합니다. 그놈이 그놈이라며 투표를 하지 않는 사람이 많습니다. 이번 기회에 정치인이 가져야 할 자질에 대해 한번 생각해 봅시다.

정치인이 가졌으면 하는 핵심 자질 중 한 가지를 제안한다면 '말'이 있습니다. 정치인은 말을 잘해야 합니다. 자신의 생각을 말과 글로 잘 정리하고 전달할 수 있어야 합니다. 당연한 것처럼 들리겠지만 생각처럼 쉽지 않습니다. 말은 생각, 사상을 나타내는 기본 수단이면서 그 자체가 곧 행동입니다. 말이 지닌 영향력은 행동보다 더 지속적입니다. 행동은 세월이 흐르면 기억에서 사라지지만, 말은 두고두고 남아 사람들 입에 오르내리지요.

여기서 떠오르는 영화 한 편을 소개합니다. 바로 우리나라에서 2018년에 개봉한 〈다키스트 아워〉입니다. 이 영화는 영국 총리인 윈스턴 처칠이 어떻게 영국 의회를 설득해서 독일 나치와 맞서 싸웠는지를 그립니다. 영화에서 인상적인 장면은 처칠 총리가 나치와 싸우기 위해 전시 연설을 하는 부분입니다. 처칠 총리가 부스에 앉아서 마이크에 대고 연설을 시작하면 라디오로 전국에 방송이 되는 상황이었습니다. 옆에서 "수상님, 30초 남았습니다"라고 말하는데 처칠은 그때까지도 원고를 수정하고 있었습니다. 긴박한 마음에 다시 준비되었는지 물으니 잠깐만 기다리라고 오히려 소리를 지릅니다. 이제 연설에 들어가야 하는데 원고를 고치고 있으니 옆에서는 답답하겠죠. 그런데 처칠 총리는 방송이 시작되는 빨간불이

영화 〈다키스트 아워〉의 한국어판 포스터입니다.
주인공 윈스턴 처칠은 제2차 세계대전 당시 영국의 총리를 지낸 인물이죠.
그가 느낀 심리적 압박과 고충이 입매에 잘 드러난 것 같지 않나요?
출처: 영화 공식 홈페이지

들어오자 마치 완벽한 원고를 보고 읽는 것처럼 연설을 해냅니다. 이 장면은 처칠 총리가 자기가 해야 할 말을 스스로 정리하는 능력이 있다는 것을 보여줍니다.

정치 사상가 한나 아렌트는 유대인 학살의 주범인 아돌프 아이히만의 재판을 다룬 책《예루살렘의 아이히만》에서 아이히만이 가진 세 가지 무능을 지적했습니다. 말하기의 무능, 생각의 무능 그리고 타인의 처지에서 생각하지 못하는 무능이죠. 이 세 가지 결함은 따로따로 존재하는 것이 아니라 서로 밀접하게 연결됩니다. 타인의 처지를 고려하지 않는 인간은 폭넓은 사고를 할 수 없으며, 사고가 협소한 사람은 설득력 있는 말을 할 수 없죠. 무엇보다 말로 표현하지 못한다는 것은 스스로 일관성 있게 주장할 생각이 없다는 말입니다. 자기 생각이 분명했다면 그것을 말과 글로 썼을 테고 다듬는 과정에서 더 정밀한 논리가 생겼을 것입니다. 자기 생각이 없으니까 다듬어진 말을 못 하고 남의 생각을 자꾸 빌리게 되지요.

민주주의는 '말의 정치'입니다. 상대방을 설득할 줄 알아야 정치인의 자격이 생깁니다. 현대 민주주의 정치 체제는 국민의 동의를 전제로 성립된 것입니다. 그러므로 국민을 상대하는 정치인의 말은 내용이 명확한 것은 물론이고 표현 방식도 신중하고 부드러워야 합니다. 하지만 우리나라 일부 정치인이나 유명 인사는 경박한 말,

'무개념'인 말, 공격적인 말로 국민을 설득하기는커녕 정치 혐오를 초래하고 있습니다.

정치인이 자신의 정책 목표를 효율적으로 달성하기 위해서도 설득력 있는 말은 필요합니다. 투표로 선출된 대통령이라 하더라도 침묵이나 미소만으로는 정책에 동의를 받기 쉽지 않습니다. 또한 반대편의 주장을 반박하기 위한 말은 말꼬리를 잡지 않고 정책의 정당성과 타당성에 대해 분명하고 설득력 있게 의견을 내는 방식이어야 합니다.

정치인들이 '국민에 대한 봉사'가 정치인의 자질임을 인식하지 못한다고 못마땅하게 여기는 사람이 많습니다. 봉사란 말뜻 그대로 '받들고 섬김'입니다. 설득력 있는 말이 가슴 깊숙한 곳에서 우러나와야 행동으로 나타나는데 그러지 못한 정치인이 너무 많죠.

또한 한 나라의 '정치'란 정치인에게만 한정된 분야가 아닙니다. 정치인의 자질도 중요하지만 국민부터 정치에 올바른 인식과 태도를 갖춰야 무능한 정치인, 부도덕한 정치인, 불법 정치인, 무책임한 정치인이 국회의원이나 대통령 자리를 차지할 수 없습니다. 결국 정치는 국민 모두의 관심사고 모두가 뛰어들어야 할 영역입니다.

7장

국회의원, 몇 명이 적당할까?

국회의원 수를 늘려야 한다

VS

지금도 많으니 줄여야 한다

국회의원, 몇 명이 적당할까?

끊임없는 국회의원 정수 확대 논란, 해답은?

다른일보 **이시국 기자**

국회의원 정수를 기존의 300명에서 10퍼센트가량 늘려야 한다는 주장이 정치권에서 끊임없이 나오고 있다. 지난 5일 야당 OOO 의원은 "우리나라 국민 10만 명당 국회의원 수는 0.58명으로 OECD 평균 0.97명에 한참 못 미치는 수준이다"라며 정수 확대의 타당성을 주장했다. 하지만 국민은 불신의 눈초리를 보내는 실정이다. 한 시민은 "지금도 특권을 가지고 자기 잇속만 채우려 하는데 정수를 늘리면 자기들만 좋은 일 아니냐"라며 반대 의견을 내놓았다. 선거철마다 반복되는 여야 간 국회의원 정수 확대 논란을 두고 정치권이 국민의 목소리는 듣지 않고 '그들만의 리그'에 빠져 있다는 평가도 나온다.

찬성 입장 : 국회의원을 더 많이 뽑아야 해!

다른 나라와 비교해 보면 우리나라 국회의원 수가 턱없이 부족하다는 것을 알 수 있어. 우리나라는 인구와 경제 규모가 비슷한 독일, 이탈리아, 영국 등 다른 선진국에 비해 국회의원 한 사람이 대표하는 인구수가 너무 많아. 그만큼 국민의 다양한 의사를 제대로 반영하기 어려워. 국회의원 수를 늘려서 다양한 계층의 대표가 많이 뽑히면 국민의 의사를 폭넓게 반영할 수 있을 거야.

반대 입장 : 특권층을 더 늘릴 필요는 없어!

국회의원 수를 늘려야 한다고? 동물 국회, 식물 국회라는 말 들어 본 적 있니? 국회의원들은 올해도 자기들끼리 싸우다가 정작 민생 법안은 처리를 못 했어. 국민 세금만 축내는 꼴이지. 각종 부정부패로 신뢰를 잃은 국회의원을 숫자만 늘린다고 해서 국민의 뜻이 제대로 반영될 수 있을까? 오히려 국회의원 수를 줄이고 그들의 과도한 특권도 없애야 해.

◦ 알고 있나요? 그들의 특권 ◦

하나하나가 헌법 기관으로서 사실상 장관급 대우를 받는 국회의원. 국회의원이 되면 각종 특권을 누리게 됩니다.

우선 어마어마한 세비가 주어집니다. 세비는 국회의원이 매월 지급받는 수당과 활동비로, 직장인의 월급 같은 개념으로 볼 수 있는데요. 국회의원은 국회에 출석하지 않아도 1년에 약 1억 5,000만 원의 세비를 받습니다.

세비만 있는 것이 아닙니다. 국회의원이 가지는 가장 특별한 권한은 면책 특권과 불체포 특권입니다. **면책 특권**은 국회에서 한 말과 투표 행위에 대해 국회 밖에서 민·형사상 책임을 받지 않는 권리고요. **불체포 특권**은 혹시 법을 위반했다 하더라도 현행범이 아니면 국회가 열려 일을 하고 있을 때는 동료 의원들의 동의 없이 체포되지 않는 권리입니다. 과거 독재 정권 시절, 국회의원이 소신껏 일을 할 수 있도록 주어진 특권들이죠.

이밖에 다른 지원금도 쏠쏠합니다. 비행기를 타고 출장을 가면 비즈니스석을, KTX나 배를 타면 일 등급 좌석을 지원받을 수 있습니다. 공항을 이용할 때 귀빈용 검사장과 경로로 빠르고 간편하게 출입국을 할 수 있습니다. 매달 차량 유지비와 유류비도 별도로 지급됩니다. 건강 보험료는 직장인보다 절반가량 적게 내고, 의원회관 병원에서 가족까지 무료로 진료를 받을 수 있습니다.

겉으로 잘 드러나지 않는 혜택까지 더하면 줄잡아 이백여 가지나 되는 특권이 주어진다고 합니다. 자, 이쯤 되면 특권이 너무 많다는 생각이 들지요? 실제로 국회의원의 특권에 대해 비판은 꾸준히 있어 왔고, 국회의원 스스로도 국회가 열릴 때마다 특권 내려놓기와 정치 개혁을 외칩니다. 하지만 실제 특권 폐지로 이어지지는 못합니다. 국민 눈높이에 맞는 정치 변화 없이 국회에 대한 국민의 불신만 점점 커지고 있는 상황이지요.

그렇다면 국회의원들은 무슨 일을 하길래 이런 엄청난 특권을 누리는 걸까요? 국회는 크게 입법, 헌법 기관 구성, 국정 감시 및 통제, 재정에 대한 일을 합니다. 조금 까다롭지만 하나씩 살펴볼게요.

첫째, **입법권**은 국회의 가장 본질적인 기능입니다. 국회는 법률을 만들고 고칠 수 있는 법률 제정 및 개정권을 가집니다. 법을 만들고 바꾸고 폐지할 수 있는 권한이죠. 이는 헌법 개정안도 해당됩니다. 헌법 개정은 최종적으로 국민 투표를 통해 결정하지만, 그 전에 헌법 개정안을 의결할 수 있는 것은 국회입니다.

법률과 똑같은 효력을 가지는 '조약'도 국회가 관여합니다. 조약은 다른 나라와 권리와 의무를 정하고 이를 지키지 않을 시 법적으로 책임을 묻도록 한 합의입니다. 이 조약을 체결하고 비준하는 것은 대통령이지만 그 전에 반드시 국회의 동의를 받아야 합니다. 또한 국회가 잘 돌아가기 위해 각종 규칙을 만드는 것도 입법권에 포함됩니다.

둘째, **헌법 기관 구성권**입니다. 대통령은 국무총리, 감사원장, 대법원장, 대법관, 헌법재판소장을 임명하기 전에 국회의 동의를 받아야 합니다. 헌법재판소 재판관 9명 중에 3명, 중앙선거관리위원회 위원 3명도 국회에서 뽑습니다.

셋째, **국정 감시 및 통제권**입니다. 삼권 분립이 무엇인지 떠올리면 이해가 쉽습니다. 국회는 국정 감사와 국정 조사를 통해 정부가 잘 활동하는지를 감시합니다. 국정 감사는 매년 정기 국회가 시작되면 20일 동안 행정 기관의 업무에 대해 전반적으로 감사(감독하고 검사함)하는 것을 말합니다. 국정 조사는 검찰이 공정하게 수사하기 어려운 사건을 국회가 특별 조사하는 것입니다. 둘이 비슷한 것 같지만 국정 감사는 정기회에서 국정 전반이 어떻게 돌아가고 있는지 묻는 것이고, 국정 조사는 특정한 사안에 대해서만 임시회를 열어서 진행하는 것입니다.

국회는 국무총리 및 국무위원 해임 건의권도 가집니다. 앞에서 살펴본 의원 내각제적 요소로, 국무총리와 국무의원의 해임을 건의할 수 있는 권리지요. 국회의 탄핵 소추권도 중요한 권한입니다. 일반 사법 절차로 징계가 곤란한 고위 공직자에게는 탄핵 소추권이 적용됩니다. 예를 들어 대통령이 헌법에 위반된 행위를 했다면 국회가 탄핵 소추를 의결하고, 헌법재판소가 탄핵 심판을 하게 됩니다. 즉 탄핵 소추를 통해 행정부를 견제하는 것이지요.

계엄 해제 요구권도 매우 중요합니다. 대통령의 권한 중에는 계엄 선포권이 있습니다. 대통령은 계엄을 선포하면 국회에 즉시 보고를 해야 하고, 국회는 계엄 선포 후 계엄 사유가 없어졌다고 생각하면 대통령에게 이를 해제하라고 요구할 수 있습니다.

넷째, **재정권**입니다. 즉 돈과 관련된 문제도 국회가 담당합니다. 세금은 누가 내지요? 그렇습니다. 국민이 냅니다. 국민이 낸 세금은 행정부에서 교육, 국방, 환경, 복지, 문화 등에 씁니다. 이때 행정부가 필요하다고 해서 마음대로 돈을 쓸 수는 없습니다. 국민의 대표기관인 국회에게 먼저 물어봐야 합니다. 국회는 정부가 내년에 쓸 돈이 얼마나 될지, 어디에 어떻게 쓸지 심의하고 의결하는 예산안 심의·의결권을 가집니다.

그밖에도 결산 심사권이 있습니다. 결산 심사권이란 한 해 동안 국가에 들어온 돈과 쓴 돈을 심사해 정부의 예산 집행에 대한 정치적 책임을 밝히는 권한입니다. 주의할 점은 결산 자체는 감사원의 권한이라는 점입니다. 결산은 감사원이 하고, 국회는 감사원이 결산한 내용을 다시 심사하는 것이지요.

◦ 국회가 움직이는 원리 ◦

사전적 정의에 따르면, 국회는 "국민의 대표로 구성한 입법 기관으로서 민의民意를 받들어 법치 정치의 기초인 법률을 제정하며 행정부와 사법부를 감시하고 그 책임을 추궁하는 등 여러 가지 국가의 중요 사항을 의결하는 권한"을 가집니다. 전 세계적으로 국회는 두 종류가 있는데 하나는 **단원제**고 다른 하나는 **양원제**입니다.

단원제는 국회가 하나만 있는 것이고, 양원제는 국회가 둘이 있는 것입니다. 우리나라는 현재 국회를 한 개만 두는 단원제를 채택하고 있습니다.

양원제는 연방제를 실시하는 국가나 정치 세력 간 균형이 필요한 국가에서 주로 채택하는데, 미국과 영국이 대표적입니다. 미국 국회의 상원이니 하원이니 하는 말 들어 보셨죠? 이 상원과 하원이 양원제의 두 합의체입니다. 미국의 상원은 외교, 국방, 경제 등 굵직

에메랄드 돔은 국회 의사당의 상징이라 할 수 있습니다.
워낙 존재감이 강해 “전쟁이 나면 돔에서 태권 브이 로봇이 나온다”라는 루머가 있을 정도지요.
이 돔은 처음 설계 단계에서는 없었다가 국회의원들이
국회 건물은 권위적으로 보여야 한다고 요구해 생겼다 합니다.

한 국가 사안을 다루고 하원은 국가 예산과 실질적인 정책 등을 다룹니다. 우리나라도 한때 제2공화국 시절 양원제를 채택한 적이 있습니다.

우리나라의 국회 구성에 대해 좀 더 자세히 알아볼까요? 우리나라 국회에는 국회의장 1명, 부의장 2명으로 구성된 의장단이 있습니다. 국회의장은 입법부의 수장으로서 국회를 대표하는데요. 임기는 2년이며 본회의에서 선출합니다. 국회의장은 본회의 직권 상정권과 본회의 사회권을 가지고 있습니다. **직권 상정**은 제대로 논의가 이뤄지지 않아 진척이 지지부진한 법안 등을 국회의장이 본회의에 직권으로 내놓아 표결에 부치는 것을 말합니다. **본회의 사회권**도 중요한 권리입니다. 국회에서 어떤 법률안이 통과되려면 국회의장이 사회를 봐야 하는데, 아무래도 사회를 보면서 법률안 처리에 영향력을 행사할 수 있겠지요. 의장단의 나머지 부의장 2명은 보통 집권 여당 1명, 제1야당 1명으로 구성합니다.

국회는 효율적이고 신속한 의사 결정을 위해 위원회 제도와 교섭단체 제도를 운영하고 있습니다. **위원회**는 본회의에서 심의할 안건을 미리 조사해서 심의하는 곳인데요. 상설 여부에 따라 상임위원회와 특별위원회로 나뉩니다.

상임은 '일정한 일을 늘 계속해서 맡는다'라는 뜻으로 **상임위원회**는 항상 개최되는 위원회를 말합니다. 상임위원회의 역할은 법안을 예비 심사하는 것입니다.

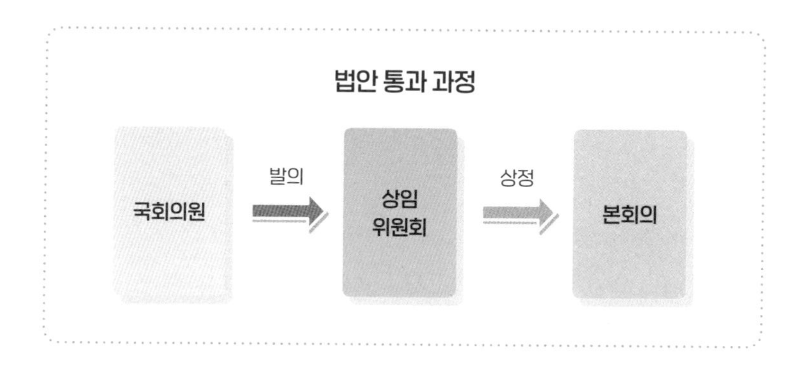

상임위원회는 각 분야의 전문 지식을 가진 국회의원으로 구성되어 국회의원이나 정부가 발의한 법안을 정밀하게 심사합니다. 또한 국회 운영, 외교 통일, 법제 사법, 교육, 국방, 국토 교통, 보건 복지, 환경 노동, 여성 가족 등으로 담당 분야가 나뉩니다. 상임위원회 임기는 2년입니다. 2년마다 교체되고 국회의원 1명이 2개 이상의 상임위원회를 겸임하는 것은 불가합니다. 단 국회운영위원회, 여성가족위원회, 정보위원회는 겸임이 가능합니다.

현재 국회에는 17개의 상임위원회가 있습니다. 국회의원들은 상

위원회의 종류

국회운영위원회	법제사법위원회	정무위원회	기획재정위원회	교육위원회
과학기술정보방송통신위원회	외교통일위원회	국방위원회	행정안전위원회	문화체육관광위원회
농림축산식품해양수산위원회	산업통상자원중소벤처기업위원회	보건복지위원회	환경노동위원회	국토교통위원회
정보위원회	여성가족위원회	예산결산특별위원회	윤리특별위원회	특별위원회

임위원회에서 입법 활동을 하면서 자신의 전문성을 살릴 수 있습니다. 따라서 다들 자신의 전문 분야와 일치하는 상임위원회에 들어가기를 원하며 때로는 국회의원 사이에서 경쟁이 생기기도 합니다. 하지만 각 의원의 상임위원회 배정 권한은 정당의 원내대표가 가지고 있습니다.

특별위원회는 국회에서 특별히 상의할 안건이 있는 경우 구성되는 위원회입니다. 상설특별위원회와 비상설특별위원회로 나뉘는데요. 예산결산특별위원회와 윤리특별위원회가 상설특별위원회입니다. 비상설특별위원회는 특수한 기능을 담당하기 위해 '임시적'으로 열립니다. 인사청문특별위원회를 예로 들 수 있습니다.

교섭단체도 국회를 이해하기 위해서 꼭 알아야 할 개념입니다. 우리나라 국회의원 정수는 300명입니다. 그런데 여러 가지 안건을 협의할 때 300명의 의원이 한꺼번에 자기 의견을 말한다면 의사 진행이 제대로 될까요? 결정해야 하는 것은 많고 시간은 정해져 있고 시간 안에 300명의 의견을 다 듣는 방법은 없습니다.

그래서 바로 교섭단체가 필요합니다. 교섭은 '어떤 일을 이루기 위해 서로 의논하고 절충하는 것'이라는 뜻으로, 교섭단체는 국회의원들이 의견을 협의하기 위해 일정 수 이상 모인 모임을 말합니다. 각 정당은 교섭단체를 구성해 내부에서 먼저 의견을 통합하고 그 의견을 가지고 다른 교섭단체와 의사소통을 합니다. 국회가 원활하게 운영되도록 교섭단체가 정파 간 창구 역할을 하는 것입니다.

그렇다면 교섭단체를 어떻게 구성할까요? 국회에 소속 의원이 20명 이상인 정당은 하나의 교섭단체가 될 수 있습니다. 물론 같은 정당이 아니어도 다른 교섭단체에 속하지 않는 의원이 20명 이상 모이면 교섭단체를 구성할 수 있습니다.

여기서 중요한 것은 그 수가 20명 이상이 되어야 한다는 것입니다. 보통 같은 정당의 소속 의원들이 그대로 교섭단체를 구성하는 것이 일반적입니다. 다만 의원 수가 많은 정당은 교섭단체를 구성하는 데 문제가 없지만 20명 미만의 군소 정당이나 무소속 의원은 교섭단체를 만들기가 어렵습니다.

그럼에도 교섭단체에는 많은 혜택이 따라오기 때문에 다들 교섭단체를 구성하기 위해 애를 씁니다. 비교섭단체는 중요한 입법이나 예산안 논의에 참여하지 못하는 경우가 대부분입니다. 상임위원회 배분에서도 소외됩니다. 정당에 분기별로 지급되는 국고 보조금 차별도 크고요.

또한 정기 국회와 임시 국회 초반에 교섭단체 대표가 연설을 하게 되는데, 국회법에서 교섭단체 대표는 '연설'이란 이름으로 40분을 쓸 수 있지만, 비교섭단체 대표는 '발언'이란 이름으로 15분만 사용할 수 있습니다. 똑같은 말을 해도 연설이 아니라 발언이 되는 것이죠.

지난 18대 국회 때 자유선진당은 의원 수가 18명이라 교섭단체를 구성하기가 어려웠습니다. 20명이 되지 않기 때문에 아깝게 비교섭단체가 될 상황에 처한 것이죠. 그래서 창조한국당 의원 2명과 함께 '선진과 창조의 모임'이라는 교섭단체를 구성하기도 했습니다.

국회 의사당의 본회의장입니다.
이 자리에서 국회의원들이 모여 국가의 중대사를 의논하고 결정한답니다.

∘ 국회의원 몇 명이 적절할까? ∘

국회의원 정원 이야기는 선거를 앞둔 정치권에서 늘 나오는 뜨거운 감자(삼키기도 뱉기도 어려운 뜨거운 감자처럼 중요하지만 해결이 쉽지 않은 문제)입니다. 항상 선거 시즌이 되면 각 당은 '정치 개혁'이라는 말을 내세워 국회의원 수를 몇 명으로 해야 하는지 논쟁을 벌여 왔습니다.

헌법 제41조는 "국회의원의 수는 법률로 정하되, 200인 이상으로 한다"라고 하한선만 정해 놨고, 국회법에서는 의석수를 의장이 각 교섭단체 대표와 합의해 정하도록 했습니다. 이러다 보니 매번 국회에서 국회의원 수를 협상할 여지가 생기는 것이죠.

1948년 제헌 국회에서 200명이었던 국회의원 수는 갖가지 이유로 증가와 감소를 반복하며 19대 국회부터 300명이 되었습니다. 현재 공직선거법 제21조 제1항은 "국회의 의원 정수는 지역구 국회의원 253명과 비례 대표 국회의원 47명을 합하여 300명으로 한다"라고 되어 있습니다.

국회의원 수를 늘려야 한다고 주장하는 측은 다른 나라의 국회의원 수를 근거로 내세웁니다. 우리나라는 국민 10만 명당 국회의원 수가 0.58명입니다. 즉 국회의원 1명이 국민 17만 2,000명을 대

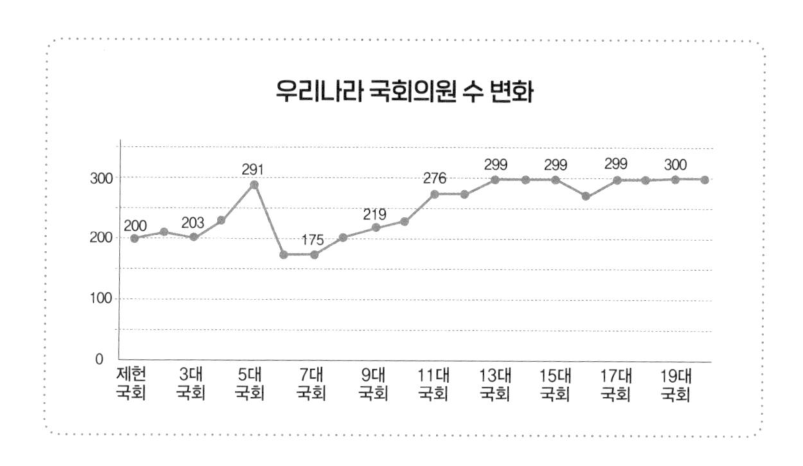

표하며 이는 다른 OECD 국가 평균이 0.97명인 것에 비해 턱없이 부족한 수입니다. 한국처럼 상원, 하원 구분 없이 단원제로 운영되는 15개국 중에서도 가장 적은 수치입니다.

국회의원 1명이 대표하는 국민의 수가 적다는 것은 그만큼 국민 하나하나의 의견이 정치에 반영될 기회가 적다는 것을 의미합니다. 한 반에 학생 수가 많아질수록 담임 선생님이 한 학생에게만 신경 쓸 수 없는 것처럼요. 따라서 다양한 계층의 의견이 반영되려면 일을 할 국회의원이 더 필요하다는 논리입니다.

국회의원이 국민을 위해 일하는 진짜 일꾼이 되기 위해서라도 인원을 늘려야 한다는 의견도 있습니다. 현재는 소수의 국회의원이 특권을 누리고 있으니 그 수를 늘려 권력을 분산하자는 것입니다.

동시에 국회의원이 자발적으로 특권을 내려놓아야 합니다.

하지만 국회의원 정수가 국회에서 끊임없이 논란인 것에 비해 이를 지켜보는 국민의 여론은 늘 싸늘했습니다. 불성실한 국회의원들이 자기 밥그릇을 늘리기 위해 꼼수를 부린다고 느끼는 것이죠. "지금 일도 못하면서 인원수만 늘리려 한다!"라는 질타가 쏟아집니다. 국회의원 정수를 늘리자는 의견 자체가 '정치 개혁' 이미지를 심어 주기 위한 일종의 보여 주기식 논쟁이라는 생각도 있습니다.

이는 국회에 대한 국민의 불신이 크기 때문입니다. 우리나라 국회는 그동안 성숙한 모습을 보여 주지 못했습니다. 국민의 이익을 진정으로 생각해 정책을 고심하기는커녕 본업은 뒷전으로 하고 정파 간 정치 싸움에 몰두하기 일쑤였죠. 서로 고성을 지르고 몸싸움을 하는 것이 동물 같다는 의미에서 동물 국회라 부르기도 하고, 정당 간 싸움을 계속하느라 정책 통과율이 30퍼센트도 채 안 되는 모습에 식물 국회라고 부르기도 합니다. 또한 매년 터지는 국회의원의 갑질과 부정부패 논란 또한 우리 국민에게 실망감만 안겨 주었습니다. 각종 신뢰도 조사에서는 국회가 가장 신뢰할 수 없는 조직으로 꼽히며 꼴찌에 머뭅니다.

따라서 국회의원들은 국민에게 모범적인 국회 활동을 하는 모습을 먼저 보여야 합니다. 무엇보다 스스로 특권을 내려놓고 진정한 국회 개혁을 위한 방안을 제시해야 합니다.

또한 우리 국민은 국회의원 정원 논란을 국회에서 벌어지는 '그들만의 리그'로 놔두면 안 됩니다. 이것은 우리가 함께 진지하게 고민해 봐야 할 문제입니다. 가장 적정한 의원 수는 몇 명인지, 또 유권자의 뜻이 가장 정확하게 반영될 수 있는 선거 제도가 무엇인지는 우리 모두에게 매우 중요하니까요.

8장

검찰과 경찰, 왜 싸울까?

검찰의 권력을 제한해야 한다

VS

경찰 또한 부패할 수 있다

토크 vs 토크

검찰과 경찰, 왜 싸울까?

경찰 vs 검찰 개혁… 피할 수 없는 과제

다른일보 **이시국 기자**

지난 65년간 이어 오던 경찰과 검찰의 수사권에 큰 변화가 생겼다. 13일 두 건의 검경 수사권 조정안이 국회를 통과하면서, 경찰과 검찰의 관계가 지휘가 아닌 협력 관계로 바뀐 것이다.

덩달아 공수처 법안도 통과되면서 그간 무소불위의 권력을 독점하고 있던 검찰의 개혁이 가능해진 것 아니냐는 기대감이 높아지고 있다. 하지만 공룡 경찰에 대한 우려도 나오고 있다. 경찰 권력이 커지면 오히려 경찰의 부패를 가져올 수 있다는 주장이다.

찬성 입장 : 검찰의 권력을 제한하는 방법이 필요해!

현재 검찰의 권력은 너무나 막강해. 그래서 검사들끼리 죄도 봐주고 권력자와 유착 관계를 맺어도 아무도 바로잡을 사람이 없어. 권력 구조를 분산시키지 않으면 검찰의 권력 남용은 계속될 거야. 검찰과 경찰의 수사권 조정과 공수처 설치는 이런 검찰을 개혁하기 위한 첫걸음이 될 거야. 앞으로도 이런 방법으로 더 깨끗한 검찰 만들기가 계속되어야 해.

반대 입장 : 경찰 또한 부패한 권력이 될 수 있어!

다들 검찰에 대해 이야기하지만 나는 경찰도 경계해야 한다고 봐. 경찰은 과연 깨끗한 조직일까? 중간에 견제하는 장치 없이 일방적으로 경찰에 권력을 준다면 국민의 인권이 침해되고 범죄가 묻힐 수 있어. 이는 부실 수사를 불러와 범죄 피해자의 권리를 침해할 거야. 현재 방향으로는 공룡 경찰이 되면서 오히려 국민의 권리가 침해될 여지가 커.

◦ 고양이 목에 방울 달기 ◦

쥐들의 나라에서 회의가 열렸어요.

"어제도 또 쥐 한 마리가 고양이에게 잡혔습니다."

"더 이상 고양이에게 우리 친구들을 잃을 수 없어요. 좋은 대책이 없는지 이야기해 봅시다."

불만을 털어놓던 쥐들은 모두 조용해졌어요. 좋은 방법이 떠오르지 않았거든요.

"고양이가 오는 것을 미리 알기만 해도 재빨리 도망칠 수 있을 텐데요…."

그때 갑자기 작은 생쥐 한 마리가 나섰어요.

"고양이 목에 방울을 달면 어떨까요? 움직일 때마다 소리가 날 테니 오는 걸 미리 알 수 있잖아요."

생쥐의 말에 모두 술렁이며 고개를 끄덕였어요. 여기저기서 좋은 의견이라며 감탄했지요.

"그런데 누가 가서 고양이 목에 방울을 달지?"

구석에 있던 늙은 쥐가 묻자 다시 조용해졌어요. 방울을 달러 가겠다고 나서는 쥐는 한 마리도 없었어요. 방울을 달기도 전에 잡아먹힐 테니까요.

'고양이 목에 방울 달기'라는 우리 속담을 들어 보셨나요? 실제로 하기에는 어렵고 용기가 많이 필요한 일을 가리키는 말이에요. 이 동화에서 나오는 고양이처럼 하나의 사람이나 집단이 권력을 독차지하고 있으면 이른바 무소불위無所不爲의 권력을 가지고 있다고 합니다. 무소불위는 무슨 일이든 할 수 있는 힘이나 권력, 행동 등을 말하는 표현이지요.

국민은 이런 고양이 같은 권력자를 견제할 장치 즉 방울이 필요합니다. 권력이 독점되면 결국 피해를 보는 것은 국민이기 때문입니다. 이 장에서 다룰 내용은 막강한 힘을 가진 '검찰'을 국민이 제대로 통제하기 위해 '방울'을 달고자 일어났던 움직임입니다.

검찰과 경찰의 차이

여러분, 검찰과 경찰의 차이점을 알고 계신가요? 검찰과 경찰, 줄여서는 검경. 이 둘은 이름도 비슷하지요. 자주 들어 봤지만 막상 정확히 구분하려니 헷갈리기도 합니다. 검찰과 경찰은 정확히 어떤 일을 하고 그 역할에는 어떤 차이가 있는 걸까요?

드라마에 나오는 검사는 주로 재판장에서 "존경하는 재판장님!

피고는 현재 거짓말을 하고 있습니다!"라고 비장하게 외치는 사람입니다. 반면 경찰이라 하면 흉악범을 잡으러 골목길을 뛰어다니고 몸싸움을 벌일 것만 같습니다. 사실 검찰이든 경찰이든 범죄자를 상대하는 일을 한다는 점은 같습니다. 둘 다 공공의 안전과 사회 질서를 유지하며 각종 범죄를 방지하고 처벌하지요. 다만 검찰과 경찰이 하는 일을 자세히 들여다보면 엄연히 다른 기관임을 알 수 있습니다.

경찰은 민생과 일반 사건, 치안을 담당하고 수사합니다. 그중 특히 형사는 살인, 방화 등 특수 범죄를 수사합니다. 다만 형사는 무조건 범인을 잡으러 다닌다고 생각하면 오해입니다. 실제 형사가 들으면 웃을 이야기지요. 형사의 주요 임무는 초동 수사입니다. 범죄가 일어났을 때 사건 현장에 출동해 증거를 파악하고 이후 수사가 잘되도록 하는 것이 가장 중요합니다. 형사가 범인과 싸우는 것은 원칙적으로 어쩔 수 없을 경우만 해당하며, 영화처럼 일상적이지는 않습니다.

검사는 검찰이라는 국가 기관에 속해 있는 사람들입니다. 형사 절차에서 가장 중요한 것은 수사와 증거인데, 이에 대해서 가장 핵심 역할을 하지요. 그리고 우리 생각보다 훨씬 다양한 역할을 하고 있습니다. 검사가 하는 일을 몇 가지로 정리해 볼게요.

첫째, 범죄를 수사하고 법원에 공소를 제기합니다. 공소 제기, 즉 기소란 검사가 법원에 재판을 청구하는 일을 말합니다. 이 사람이 범죄를 저질렀으니 재판을 열어 심판해 달라고 요청하는 것이죠. 기소는 검사의 가장 기본적인 업무입니다.

둘째, 재판 집행을 지휘하고 감독합니다. 범죄자를 처벌해 달라고 기소하면 이를 받아 유죄 판결을 내리는 것은 판사지만, 그 집행은 다시 검사의 몫이 됩니다. 교도소에서 사형을 집행할 때도 반드시 검사가 참석해야 합니다.

셋째, 국가를 당사자 또는 참가인으로 하는 소송을 수행합니다. 소송에는 원고(소송을 건 사람)와 피고(소송을 당한 사람)가 확실하게 존재해야 하는데, 국가가 소송을 당하면 피고가 확실하지 않습니다. 이때 검사가 피고로서 국가를 대신할 수 있습니다.

이 중에서 검사의 가장 큰 역할은 경찰이 수사한 내용을 기반으로 법리(법률의 원리)를 따져 죄를 묻는 것입니다. 이때 두 기관이 서로 연계되어 일을 하기 때문에 어떤 경우에 검찰 수사가 의뢰되고 어떤 경우에 경찰 수사가 의뢰되는지 헷갈릴 수 있습니다. 이 수사권 문제는 오랜 기간 검찰과 경찰 간 싸움의 원인이 되기도 했습니다.

서울 서초구에 위치한 대검찰청입니다.
검찰은 검찰 전체 업무를 총괄하는 대검찰청과 그 아래 고등 검찰청,
다시 그 아래 지방 검찰청으로 나뉩니다.
ⓒPectus Solentis

◦ 검찰과 경찰은 왜 싸울까? ◦

뉴스를 즐겨 보는 분이라면 검찰과 경찰의 싸움 이야기를 한번쯤은 들어 봤을 것입니다. 한때 뉴스를 뒤덮었던 수사권 조정 문제인데요. 지금까지 검찰과 경찰은 누가 수사권을 가져갈 것인지 문제를 두고 갈등이 심했습니다. 서로 협력해서 범죄자를 처벌해야 할 기관이 왜 힘 겨루기를 했던 걸까요?

바로 검찰과 경찰의 역할 배분 때문이었습니다. 과거 일반 범죄는 다음과 같은 절차로 수사가 진행되었습니다. 우선 경찰이 범죄 현장에 출동해 1차 수사를 합니다. 경찰은 수사를 한 후 사건에 의견을 붙여서 검사에게 보냅니다. "이 건은 기소해서 형사 재판으로 넘겨야 합니다"라거나 "수사해 보니 이 건은 기소를 안 해도 될 것 같습니다"라는 식이었습니다. 그러면 검사는 자료를 종합해 기소 여부를 결정하고 법원으로 넘깁니다. 이후 검사는 피고인이나 증인에게 법원에 나오라는 명령을 내리거나(소환) 소환에 응하지 않을 경우 영장을 발부해 강제로 법원에 서게 합니다(구인). 만약 사건이 고위 공무원의 부정부패나 마약 사건 등 크고 중요하다면 검찰이 직접 수사를 하기도 했습니다. 또한 수사와 관련된 최종적인 결정은 검사가 내렸습니다.

이런 내용들을 보면 '아! 검사가 경찰을 지휘했구나!'라는 생각이 들지 않나요? 맞습니다. 과거에는 검찰이 수사를 지휘하고 경찰이 따르는 관계였습니다. 검찰청법에는 "사법경찰관리는 범죄 수사 관련해서 소관 검사가 직무상 내린 명령에 복종을 해야 한다"라는 규정이 있었고 형사소송법에도 "사법경찰관리는 모든 수사에 관하여 검사의 지휘를 받는다"라는 규정이 있었습니다. '복종'과 '지휘'라는 표현을 썼던 것이죠.

특히 가장 문제가 된 것은 수사 종결권이었습니다. 수사 개시(시작)는 검찰이 할 수도 있고 경찰이 할 수도 있습니다. 하지만 수사를 끝내는 종결권은 검사만 가지고 있었습니다. 즉 경찰이 이 사건은 문제가 안 될 것 같다고 결론을 내려도 무조건 검찰로 보내야 했지요. 경찰은 수사를 종결하고 싶어도 하지 못했습니다.

두 번째 쟁점은 영장이었습니다. 경찰의 수사가 정당성을 얻기 위해서는 구속 영장, 체포 영장, 압수 영장, 수색 영장 등 영장이 필요한데, 영장을 청구할 수 있는 것도 오직 검사뿐이었습니다. 검찰 단계에서 돌려보내 버리면 경찰은 수사를 계속할 방법이 없었습니다.

그래서 경찰은 검찰이 너무 많은 권한을 가지고 있고 자신들은 사실상 수사 권한이 없다고 불만이 많았습니다. 또 검찰 내부에 부정부패 같은 문제가 있어도 경찰이 수사를 할 수 없었습니다. 경찰이 검찰 내부 문제를 수사하려고 영장을 신청해도 검찰이 중간에서 거부해 버릴 수 있었으니까요.

하지만 검찰도 반박할 의견이 있었습니다. 만약 경찰에게 수사를 종결할 권한을 줬다가 악용하면 어떡하냐는 것이었습니다. 경찰 단계에서 나쁜 의도로 사건을 묻어 버릴 수 있죠. 따라서 범죄 피해자의 권리가 침해될 수 있다고 지적했습니다.

∘ 수사권은 누구에게? ∘

결론부터 말하면 수사권 조정 싸움은 2020년 1월을 기준으로 일단락되었습니다. 검찰과 경찰은 정말 지지부진한 힘 겨루기를 계속해 왔습니다. 그러다 2020년 1월 13일 검경 수사권 조정안이 국회를 통과합니다. 검경 수사권 조정안은 검사의 수사 지휘권을 없애고 경찰은 자체 수사 종결권을 가지게 하자는 안이었습니다. 당연히 경찰은 찬성하고 검찰은 반대했지만 우여곡절 끝에 조정안이 국회를 통과합니다.

1954년 형사소송법 제정 이래로 65년간 검찰이 경찰을 지휘하

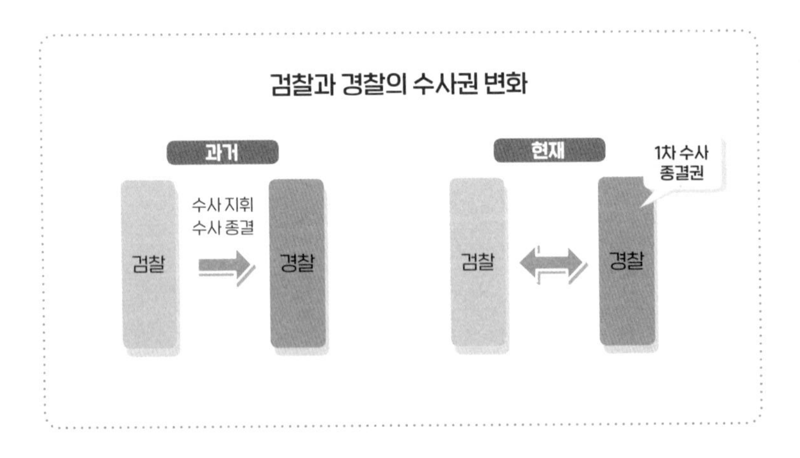

는 상하 관계였지만 이제 둘은 협력 관계입니다. 수사와 기소, 영장 청구 권한까지 독점하던 검찰은 수사 권한과 책임을 나누게 되었습니다. 경찰은 혐의가 인정된 사건만 검사에게 넘기고 혐의가 없다고 판단한 사건은 자체적으로 종결할 수 있습니다.

우리 국민의 생활에도 변화가 생겼습니다. 피의자가 억울하게 검찰에서 한 번 더 조사를 받는 일이 사라진 것입니다. 여러분이 어떤 혐의를 받는 피의자가 되었다고 가정합시다. (물론 어디까지나 가정이어야겠지요.) 여러분이 혐의를 인정해도, 과거에는 경찰이 검찰에게 사건을 넘기면서 또 검사에게 조사를 받아야 했습니다. 같은 내용으로 이중 조사를 받으니 심리적으로 불안하고 일상생활도 힘들

었겠죠.

이제는 피의자가 경찰에서 혐의를 인정할 경우 검찰은 사건 기록만 검토한 뒤 기소 여부를 결정합니다. 거듭되는 조사를 안 받아도 되는 것입니다. 경찰 수사 결과 혐의가 없을 때는 검찰 수사만으로 1차 수사를 종결합니다. 검찰에게 무혐의 최종 처분을 받을 때까지 기다리지 않아도 됩니다.

물론 이런 변화들은 경찰 수사에 대한 국민의 신뢰가 바탕이 되어야 합니다. 그렇다면 경찰 수사가 마음에 안 들면 어떻게 해야 할까요? 이의 제기를 적극 활용하면 됩니다. 고소인, 고발인, 피해자 등이 경찰의 혐의 없음 처리를 받아들일 수 없다면 30일 안에 경찰에게 이의 신청을 할 수 있습니다. 이때 경찰은 지체 없이 검찰에게 사건을 넘겨야 합니다. 검찰은 경찰의 불송치가 위법이거나 부당하다고 판단되면 재수사를 요청할 수 있고 경찰은 이에 응해야 합니다. 또한 경찰은 피의자가 경찰 수사 중에 법령 위반, 인권 침해 등을 당했다면 검사에게 구제 신청이 가능함을 알려줘야 합니다.

피의자가 법정에서 본인의 입장을 방어하기도 쉬워졌습니다. 지금까지 피의자가 검찰에게 진술한 내용은 조서로 남아 법정에서 피의자가 부인해도 그 증거 능력을 인정받아 왔습니다. 하지만 이제부터 검찰 조서도 경찰 조서와 마찬가지로 피의자가 법정에서 그 내용을 인정할 때만 증거 능력을 가지게 됩니다. 이밖에 검찰의 직접 수사 범위가 크게 제한되어 중요 범죄, 경찰 공무원의 직무 범죄, 증거 인멸 등에만 직접 수사가 가능해졌습니다.

이번 변화로 국민은 1차 경찰 수사 후 검사에게 2차적인 보완을 받을 수 있어 인권을 보호할 수 있고 효율적인 수사 진행 또한 기대할 수 있습니다.

◦ 검찰 목에 방울을 달기까지 ◦

우리나라 검사가 막강한 권한을 가지게 된 이유는 군사 독재 정권의 역사에서 찾을 수 있습니다. 한국은 30여 년간 군부 쿠데타 세력이 통치했습니다. 이 독재 정권들은 검찰을 이용해서 정치적 라이벌을 제거하고 공포 정치로써 국정을 장악하려 했습니다. 검찰은 조직을 위해 독재 정권에 협력했고 그 대가로 지금과 같은 막강한 권력을 받았지요.

검찰이 권력자를 제대로 수사하지 않는 모습을 보고 과거에는 검찰을 권력의 시녀라고 부르기도 했습니다. 군사 정권도 자신에게 상명하복을 잘하는 검찰의 부정부패와 비리를 눈감아 주었습니다.

이는 국정 농단 사건, 검찰 간부 비리 사건 등으로 이어졌지요.

검찰은 동기와 선후배 사이로 연결된 집단입니다. 그러니 검찰 내부에 비리가 발생했을 때 그 수사를 아는 사람끼리 처리하거나 감독하기가 쉽습니다. 검찰이 자기들끼리 대충 처리하고 넘어갈 수 있죠. 혐의가 유죄로 밝혀지더라도 사표를 쓰는 것으로 처벌이 끝나기도 합니다. 국민이 검찰 권력에 가장 우려했던 문제도 바로 이 점이었습니다.

이런 문제 때문에 나온 것이 공수처입니다. 공수처는 '고위 공직자 범죄 수사처'의 줄임말입니다. 과거에는 고위 공직자 부정부패 처벌을 위해 그때마다 특별 검사 제도를 운영했습니다. 고위 공직자의 비리 또는 위법 혐의가 발견되었을 때 그 수사와 기소를 정규 검사가 아닌 정권의 영향을 받지 않는 독립된 검사가 담당했습니다. 하지만 특별 검사 제도는 조사가 끝나면 없어지는 문제점이 있었습니다. 고위 공직자 비리는 계속 존재하는데 말이죠. 그래서 없어지지 않고 지속적으로 수사할 수 있는 공수처를 만들게 되었습니다.

공수처는 검찰이 가지고 있는 수사·기소·공소 유지권을 모두 가지고, 별도의 독립 기구로서 고위 공직자와 그 가족의 범죄 행위를 수사합니다. 대상은 대통령과 4촌 이내 친척은 물론이고 국회의장 및 국회의원, 대법원장 및 대법관, 헌법재판소장 및 헌법재판관, 청와대 3급 이상 공무원, 광역시장 및 시도지사, 교육감 등이 포함됩니다. 물론 판사와 검사도 해당됩니다. 직급명만 들어도 힘이 있어 보이는 사람은 다 수사할 수 있지요.

공수처는 아직 시작 단계입니다. 검찰의 막강한 권한을 분산하기 위해서라지만 새로운 사정 기관, 엄청난 힘을 가지고 있는 기관이 또 등장한다는 우려도 큽니다. 검찰과 공수처가 같은 사건을 놓고 서로 맡겠다고 싸울 가능성도 있습니다. 둘이 갈등할 소지가 높지요. 인사 위원회의 추천을 거치긴 하지만 공수처장의 인사권이 대통령에게 있다 보니 정치적 중립성을 지킬 수 있을지도 지켜봐야 합니다.

65년 만에 바뀐 경찰과 검찰의 수사권 조정, 새로운 공수처 설치를 위한 논쟁은 모두 검찰 개혁의 씨앗을 뿌리는 일입니다. 법치주의를 제대로 실현하고 좀 더 객관성 있는 사법 체계로 바꾸기 위함이죠.

검찰 개혁은 국민과 직접적으로 연결되는 문제입니다. 검찰이 가지고 있는 막강한 권한을 견제하고 분산함과 동시에 권력형 부패범죄를 처벌할 수 있습니다. 따라서 검찰 개혁은 우리 사회에서 보수나 진보의 문제가 아니라 사회 정의를 위한 차원으로 해석해야 합니다.

고양이 목에 방울을 다는 이야기를 기억하나요? 고양이에게 방울을 다는 것은 어느 한 쥐의 힘으로 해결할 수 있는 문제가 아닙니다. 그 과정이 지난하더라도 사회가 하나의 목적의식을 가지고 꾸준히 노력해야 하는 부분이지요. 다칠 수 있다고 시도도 하지 않으면 아무 일도 일어나지 않을 것입니다.

부록

슬기로운 투표 생활 가이드

슬기로운
투표 생활 가이드

우리나라에서 만 18세는 결혼도 할 수 있고, 군대에 입대할 수 있으며, 운전면허를 따고, 9급 공무원에 지원하고, 법정 대리인 없이 여권과 신용카드를 발급받을 수 있다. 그런데 지금까지 딱 하나 할 수 없는 것이 있다면 바로 '투표'였다. 2019년까지 우리나라는 만 19세 이상만 투표를 할 수 있었다.

그러던 2019년 12월 27일 선거법 개정으로 드디어 선거 가능 연령이 한 살 어려졌다. 이제 만 18세 청소년도 투표에 참여할 수 있다. 선거 연령이 낮아지면서 2020년 4월 15일 총선 기준으로 새로 유입되는 유권자 수는 49만 명가량이다. 2002년 16대 대선에서 1위와 2위의 표차가 57만 표, 1997년 15대 대선에서 39만 표였던 것을 생각하면 충분히 승패를 가를 수 있는 수다.

한편에서는 청소년이 합리적이고 이성적인 선택을 하기에는 너무 어리다고 한다. 하지만 이미 많은 청소년이 페이스북, 트위터 등 SNS에서 정치, 사회 문제에 '좋아요'를 망설임 없이 누른다. 과거에 비해 사회 수준과 시민 성숙도도 높아졌다. 또한 4·18 혁명, 5·18 민주화 운동, 2016년 촛불 집회 등의 역사를 거치며 청소년이 우리 사회의 변화를 이끄는

주인공이라는 것도 입증되었다.

미래는 미래 세대가 이끌어야 한다. 독일에서는 19세의 안나 뤼어만이 최연소 국회의원으로 당선되었고, 미국의 발라티에서는 19세의 제이슨 네츠키가 시장이 되었다. 그동안 어른들이 청소년이 살아갈 미래에 너무 많은 영향력을 행사했는지도 모른다.

현재 우리나라 고등학교에서는 통합 사회, 정치와 법 등의 교과목에서 선거에 대해 가르친다. 하지만 교과서에서 배운 선거의 가치를 실제 삶에서 느끼기는 어렵다. 대학에서 전공 분야로 정치를 배우지 않는 한 선거에 대해 꾸준히 생각할 기회도 많지 않다.

따라서 이 부록에서는 청소년이 현명한 투표를 할 수 있는 방법을 소개하고자 한다. 어엿한 사회 구성원으로서 정치뿐만 아니라 개인적, 사회적 문제를 독자적으로 판단하는 데도 조금이나마 도움이 되길 바란다.

[지금부터 살펴볼 내용]

△ 1단계: 투표장 가기 전 체크 리스트

△ 2단계: 알쏭달쏭 선거 제도 이해하기

△ 3단계: 우리나라 선거의 역사 알아보기

[1단계]
투표장 가기 전 체크 리스트

대통령 선거

대통령을 뽑는 선거로 줄여서 '대선'이라고 부른다. 우리나라는 5년 단임제를 채택하고 있다. 대통령의 임기 만료일로부터 70일 전, 첫 번째로 돌아오는 수요일에 선거를 시행한다. 선거일은 공휴일로 해 선거권자는 모두 참여할 수 있게 한다. 제20대 대통령 선거는 2022년 3월 9일 실시될 예정이며, 2004년 3월 10일생까지 참여가 가능하다.

국회의원 총선거

국회의원을 뽑는 선거로 줄여서 '총선'이라고 부른다. 우리나라 국회의원 임기는 4년이며 국회의원의 임기 만료일로부터 50일 전, 첫 번째로 돌아오는 수요일에 선거를 시행한다. 보통 4월 9일부터 4월 15일 사이다. 선거일은 공휴일이다.

총선에서는 지역구 국회의원과 비례 대표 국회의원을 동시에 뽑는다. 투표장에 가면 투표용지를 두 장씩 주니 당황하지 말자(왜 두 장을 주는지는 189쪽 참고).

지방 선거

지방의회 의원과 지방자치 단체장을 뽑는 선거로 줄여서 '지선'이라고 부른다. 즉 시장, 도지사, 구청장 등 각 지역에서 일할 사람을 뽑는 선거다. 지방 선거는 각 장의 임기 만료일로부터 30일 전, 첫 번째로 돌아오는 수요일에 선거를 시행한다. 보통 5월 31일에서 6월 5일 사이 또는 6월 13일이다.

지방 선거는 가장 많은 투표용지를 주는 선거다. 개수는 6개부터 최대 9개까지 지역별, 시기별로 다르며 색깔로 구분하니 헷갈리지 말자.

보궐 선거

국회의원, 광역 단체장, 교육감 등에 빈자리가 생겼을 때 실시하는 선거다. 기존 당선인이 선거법을 위반했거나 사퇴, 사망, 실형 선고 등으로 직위를 유지할 수 없을 경우, 보궐 선거를 실시해 다음 정기 선거일까지의 공석을 메운다.

투표하는 법

1. 집으로 오는 투표 안내문을 읽고 투표소가 어디인지 미리 확인해 둔다.
2. 투표 당일이 되면 투표소에 가서 줄을 선다.
3. 신분증을 제시하고 선거인 명부에 서명한다.
4. 투표용지를 받는다.
5. 기표소에 들어가 비치된 투표 도장으로 기표한다.
6. 투표용지를 반으로 접는다. 인주가 번질 수 있으니 되도록 가로보다 세로로 접는다.
7. 기표 내용이 보이지 않게 조심하며 투표함에 투표용지를 넣는다.
8. 출구로 나간다.

투표 시 유의 사항

- 투표일 전 집으로 투표 안내문이 온다. 집 근처 투표소 위치와 각 후보의 선거 공보가 들어 있으니 꼼꼼히 읽어 보도록 한다.
- 투표 시간은 미리 확인하자. 보통은 오전 6시부터 오후 8시까지다.
- 사진이 들어가고 공공 기관이 발행한 신분증을 반드시 지참한다. 주민등록증, 운전면허증, 여권 중에서 하나만 지참하면 된다.
- 투표용지에 정규 투표 도장 외에 다른 표시를 하면 무효 처리된다. 연필이나 펜으로 다른 표시를 해도 안 된다.
- 투표 도장은 네모칸 안에 한 번만 찍어야 한다. 네모칸 바깥에 찍거나 어떤 후보자를 찍었는지 알 수 없으면 무효 처리된다.

- 기표소 안은 촬영 금지다. 기표된 투표용지를 촬영하다 적발되면 공직 선거법 위반으로 처벌을 받는다. 인증샷은 투표장을 나와서 찍자.
- 비밀 선거 원칙을 지켜야 한다. 몇 번 후보에게 투표했다고 다른 사람에게 말하면 안 된다,

투표장에 갈 수 없다면

▶**사전 투표:** 선거일에 사정이 있어서 투표하기 어려운 경우, 전국에 설치된 사전 투표소 어디에서나 투표할 수 있다. 사전 투표 기간은 일반적으로 선거일 5일 전부터 2일 동안이고, 별도 신고 절차가 없다. 사전 투표소에서는 통합 선거인 명부를 통해 본인 확인을 하기 때문에, 신분증만 가지고 가면 자신이 사는 지역이 아니어도 투표를 할 수 있다.

▶**거소 투표:** 장애나 사고 등으로 투표소에 가지 못하는 경우, 선거일 전에 자신이 머무는 곳에서 우편으로 투표할 수 있다. 투표장이 아닌 곳에서 투표하는 만큼 대상자는 엄격하게 제한되며 행정 기관에 신청하면 투표용지를 우편으로 보내 준다. 이를 받아 기표한 후 우편으로 발송하면 된다.

▶**선상 투표:** 선거 당일 투표소에 갈 수 없는 선원을 대상으로 배에서 실시하는 부재자 투표다. 투표한 내용은 쉴드 팩스라는 특별한 팩스를 사용해 보이지 않게 해 육지로 보낸다.

▶재외 투표: 파견 근무자, 유학생 등 해외에 거주 또는 체류 중인 대한민국 국민이 해외에서도 투표할 수 있도록 하는 선거 제도다. 대통령 선거와 국회의원 총선거만 해당되며, 재외 투표소에서 투표 실시 후 투표용지를 회송용 봉투에 담아 외교 행낭과 우편을 통해 관할 구·시·군 선거관리위원회로 보낸다.

▶귀국 투표: 재외 투표 전 갑작스러운 귀국 일정이 잡힌 재외국민이 한국에서도 투표할 수 있도록 하는 선거 제도다. 귀국 사실 증명 서류를 첨부해 구·시·군 선거관리위원회에 신고하면 국내 투표소에서 투표할 수 있다. 단, 사전 투표일 기간에는 할 수 없다.

사전 투표하는 법

- 사전 투표 기간 동안 전국 어느 사전 투표소에서나 투표가 가능하다. 따로 신청을 할 필요도 없다.
- 사전 투표소는 관할 구역 안의 읍·동·면마다 설치되지만 그 수가 본 투표 때보다 적으니 따로 확인이 필요하다.
- 사전 투표장에 들어가면 관내 선거인과 관외 선거인을 구분해 놨을 것이다. 자신이 살고 있는 구·시·군에서 투표하는 사람이라면 관내 선거인 투표 안내에 따라, 살고 있는 지역 외에서 투표하는 사람이라면 관외 선거인 투표 안내에 따르자. 투표 방식은 기본적으로 같으나 관외 투표인은 따로 받은 봉투에 투표용지를 넣어야 한다.

출구 조사

투표를 마치고 나오면 방송국이나 신문사에서 누구를 뽑았는지 묻는 모습을 볼 수 있다. 원래는 선거일 투표 마감 시각까지 유권자에게 투표한 후보자의 성명이나 정당명을 질문할 수 없다. 다만 TV, 라디오 방송국과 일간 신문사는 투표소 50미터 밖에서 비밀 투표가 침해되지 않는 방법에 한에서 질문할 수 있다. 투표 마감 시각까지 조사 결과를 공개할 수 없기 때문에 개표 시작 이후에 출구 조사 발표도 이뤄진다. 경쟁이 심하지 않은 선거구에서는 출구 조사 결과가 대체로 잘 맞지만 경쟁이 치열한 선거구에서는 정확도가 떨어지는 편이다.

투표율 확인하는 법

선거 당일이 되면 중앙선관위가 홈페이지에 1시간 단위로 전국 투표율을 공개한다. 사전 투표, 재외 투표, 거소 투표, 선상 투표 투표율을 합한 전국 투표율은 대략 오후 1~2시 이후부터 알 수 있다. 또한 각 방송국에서 전국 투표 상황을 생중계하니 관심이 가는 개표 방송을 틀어 놓고 확인하자.

2018년 지방 선거의 투표율은 60.2퍼센트였으며 2017년 대통령 선거는 77.2퍼센트였다. 일반적으로 대통령 선거가 국민의 관심도가 높기 때문에 국회의원 선거와 지방 선거보다 투표율이 높다. 연령별로는 지난 몇 년간 50대 이상 유권자의 투표율이 가장 높았으며 지역별로는 전남과 제주의 투표율이 가장 높았다.

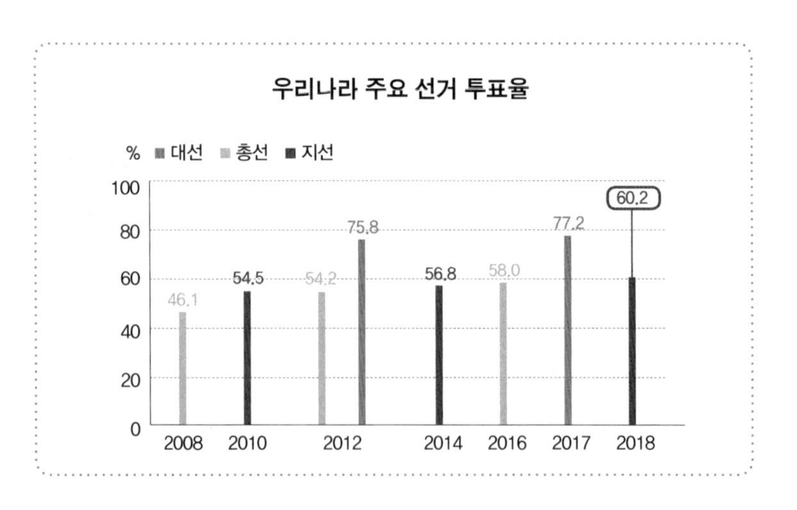

투표 결과가 나오는 시간

개표가 안 끝나더라도 일반적으로 밤 11~12시 정도가 되면 당선자의 윤곽이 드러난다. 2007년 대선 때는 오후 7시 5분, 2012년 대선 때는 오후 8시 40분쯤에 당선 유력 속보가 떴다. 2017년 대선 때는 투표용지가 길어지고 부정 투표 의혹을 막기 위해 투표용지 분류기 처리 속도가 늦어져 개표가 더 오래 걸렸다. 후보자 간 격차가 좁을수록 결과가 늦게 뜨니 각 방송국의 개표 방송을 차분히 지켜보도록 하자.

[2단계]
알쏭달쏭 선거 제도 이해하기

선거의 기본 원칙

▶**보통 선거:** 사회적 신분, 교육, 재산, 인종, 신앙, 성별 등에 의한 자격 조건 제한 없이 일정한 연령에 달한 모든 국민에게 원칙적으로 선거권을 인정한다.

▶**평등 선거:** 선거인의 투표 가치를 평등하게 취급한다. 모든 선거인에게 동등하게 1인 1투표권을 인정한다.

▶**직접 선거:** 선거인이 직접 대표자를 선출한다. 이에 따라 선거인과 대표자는 직접적 신임 관계가 성립되고 대표자는 국민에게 정치적 책임을 지게 된다.

▶**비밀 선거:** 선거인이 결정한 투표 내용이 공개되지 않는다.

▶**자유 선거:** 외부의 간섭이나 강제를 받지 않고 자신의 선거권을 자유롭게 행사할 수 있다.

결선 투표제

1위 후보자가 충분한 수(과반 또는 40퍼센트 이상)의 득표를 못 했을 때 1, 2위만 다시 투표하는 제도다. 결선 투표제를 채택한 대표적인 나라로는 프랑스가 있다. 프랑스 대통령 선거에서는 첫 번째 투표에서 1위 득표율이 과반수에 미치지 못하면 결선 투표가 실시된다. 이 제도는 대의제의 한계를 극복하기 위해 등장했다.

선거구제

국회의원을 어디에서, 얼마나 뽑을지에 관한 문제다. 우리나라는 국회의원을 뽑을 때 선거구제와 대표제를 채택하고 있다. 선거구제란 말 그대로 후보자가 선거구(지역구)를 대표해서 국회의원이 되는 것이고, 대표제는 특정 단체(정당)를 대표해서 의석을 받는 것이다. 선거구제는 지역과 의석을 배분하는 형식에 따라 소선거구제와 중선거구제, 대선거구제로 나뉜다. 우리나라는 소선거구제를 채택하고 있다. 대표제도 여러 제도가 있지만 우리나라는 비례 대표제를 채택하고 있다.

대통령 선거와 지방자치 단체장 선거는 이미 정해진 행정 구역대로 선거가 치러지므로 선거구를 따질 일이 없지만 국회의원이나 지방의회 의원은 선거구를 어떻게 정하느냐가 매우 중요하다.

▶ **선거구**: 후보자를 뽑는 구역 단위다. 서울 시장을 뽑는다면 서울이 선거구가 되고, 대통령을 뽑는다면 대한민국 전체가 선거구가 된다.

▶ **소선거구제**: 한 선거구에서 1명의 의원을 선출하는 제도다. 우리나라는 소선거구제를 채택하고 있다.

▶ **중선거구제**: 한 선거구에서 2명에서 4명의 의원을 선출하는 제도다.

▶ **대선거구제**: 한 선거구에서 5명 이상의 의원을 선출하는 제도다.

비례 대표제

국회의원 선거에서는 투표용지를 두 장씩 준다. 한 장은 '지역구 국회의원'을 뽑는 용지고, 나머지 한 장은 '정당'을 뽑는 용지다.

여기서 두 번째 투표용지가 바로 비례 대표를 뽑는 용지다. 비례 대표제에서는 국회의원 개인이 아닌 정당을 뽑고 각 정당이 득표한 비율에 따라 국회의 의석을 배분한다. 예를 들어 비례 대표 의석이 100석일 때 A당이 60퍼센트의 득표율을 받으면 60석, B당이 40퍼센트를 받으면 40석

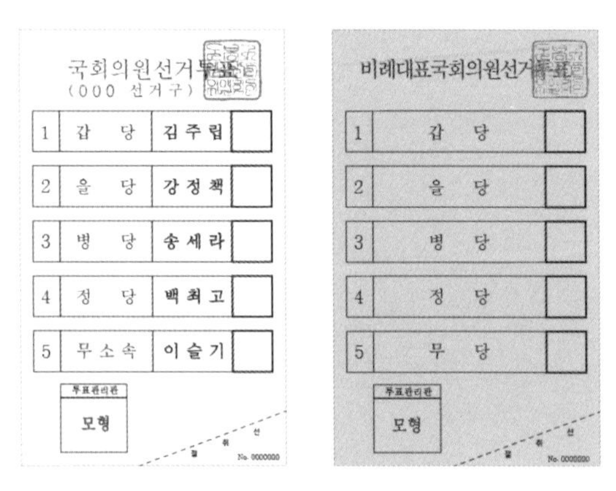

이해를 돕기 위한 예시 이미지로 실제 투표용지와는 차이가 있다.

을 가져간다.

비례 대표제는 지역 기반이 없어서 지역구에서는 이기기 힘든 작은 정당에게 기회를 주고, 지역구 의원이 감당하지 못하는 전문 분야를 국회에서 논의하기 위해 만들어졌다. 예를 들어 취준생 A군은 '취업당' 후보를 뽑고 싶은데 소수 정당인 취업당 후보는 자신의 지역에서 이길 가능성이 없다고 가정하자. 비례 대표가 확대되면 취업당에서 내보낸 후보가 국회에 진출할 가능성이 높아진다.

연동형 비례 대표제

정확히 말하면 현재 우리나라에서는 연동형 비례 대표제, 그중 준연동형 비례 대표제를 실시하고 있다. 이름이 비슷해서 헷갈리겠지만 하나씩 차근히 살펴보자.

비례 대표제는 사표(낙선한 후보에게 던져진 표)를 방지하고 소수 정당의 진출을 돕자는 취지다. 하지만 정당 득표율에 드러난 유권자의 민심이 잘 반영되지 못하는 부분이 있다. 20대 국회의원 선거 결과를 보면 소수 정당(국민의당, 정의당)의 비례 대표 득표율이 거대 정당(더불어민주당, 새누리당)과 비교해 큰 차이가 없는데도, 전체 의석수는 크게 벌어졌다. 새누리당의 정당 득표율은 33.5퍼센트, 더불어민주당은 25.5퍼센트였다. 하지만 두 정당의 의석수는 245석으로 전체 81.7퍼센트를 차지했다. 국민의당은 정당 투표에서 26.7퍼센트를 얻었지만, 의석수는 13.7퍼센트에 불과했다. 이렇게 정당 지지율과 의석율이 차이가 나는 것은 지역구 국회의원이 많고, 정당 득표율로는 47석만 배분했기 때문이다.

연동형 비례 대표제는 이런 점을 보완하기 위해 정당 투표를 전체 의석에 작동시키는 제도다. 유권자들은 똑같이 지역구와 정당에게 투표를 한다. 이후 정당 투표율에 따라 전체 의석수를 배분한다. 예를 들어 A당의 정당 득표율이 40퍼센트가 나왔을 경우 A당은 전체 300석의 40퍼센트인 120석을 일단 확보한다. 이 120석은 지역구에서 당선된 후보들이 우선적으로 가져간다. 이때 A당의 지역구 의원 당선자가 90명이면 30석이 비게 된다. 이 30석을 A당의 비례 대표 의원이 채우게 된다. 이런 방식이라면 지역구에서는 당선자를 내지 못하지만 전국적으로 고르게 지지받는 소수 정당도 어느 정도 의석을 확보할 수 있다.

이때 '연동률'이란 정당 득표율과 각 당 의석수를 연동시키는 비율을 말한다. 연동률이 100퍼센트면 위의 A당은 120석을 가져가고 30석을 비례 대표로 채우게 된다. 하지만 연동률이 50퍼센트라면 30석의 절반인 15석만 비례 대표로 채울 수 있다. 이렇게 연동률이 100퍼센트가 아닌 경우를 준연동형 비례 대표제라 부른다. 이를 표로 정리하면 다음과 같다.

구분	A당	B당	C당	D당	총 의석수
지역구 의석수(A)	100석	80석	10석	8석	
비례 대표 득표율(B)	40%	30%	20%	10%	
정당 득표율에 따른 의석 배분 (C=300×B)	120석	90석	60석	30석	300석
100% 연동 시 비례 대표 의석수	20석	10석	50석	22석	102석
50% 연동 시	10석	5석	25석	11석	51석

연동형 비례 대표제는 21대 총선에서 처음 실시되었다. 다만 그 방식은 완전한 연동형이 아닌 준연동형으로 했다. 우선 지역구 253석, 비례 대표 47석으로 의석은 전과 같이 나눈다. 대신 비례 대표 47석 중 30석에 연동률 50퍼센트를 적용했다. 30석은 비례 대표 득표율이 3퍼센트 이상인 정당이나 지역구 선거에서 5석 이상의 당선자를 낸 정당에 한해 배분한다. 나머지 17석은 비례 대표 득표율에 따라 전과 같이 단순 배분했다.

게리맨더링

특정인이 정치적인 목적으로 선거구를 마음대로 정하는 것을 말한다. 200년 전 엘브릿지 게리라는 메사추세츠 주지사가 자신의 정당 입맛에 맞게 무리해서 선거구를 분할했고 결과적으로 선거구는 뒤죽박죽이 되었다. 그렇게 만들어진 선거구 모양이 샐러맨더라는 전설 속 괴물과 비슷해 '게리맨더'라는 용어가 나오게 되었다.

선거 공영제

선거에 출마해 일정 요건을 맞춘 정당 또는 후보자에게 선거 비용을 일부 되돌려 주는 제도다. 후보자가 당선되거나 유효 투표수의 15퍼센트 이상을 득표했을 때 제한액 범위 안에서 사용한 선거 비용 전액을 돌려준다. 득표율이 10퍼센트에서 15퍼센트 미만이면 절반을 준다. 단, 득표율이 10퍼센트 미만이면 한 푼도 돌려받을 수 없다. 선거 운동을 위해서 정당하게 지출한 비용만 해당하며, 대통령 선거와 국회의원 선거는 국가 예산으로, 지방자치 단체장과 지방의원의 선거는 지방자치단체 예산으로 보전한다.

위임 투표제

네덜란드에서는 자신의 투표권을 타인에게 위임할 수 있다. 외국에서 거주한다거나 해서 직접 투표를 할 수 없을 경우, 유권자가 서명을 하면 가족이나 친구 등 친지 최대 2명에게까지 투표권을 위임할 수 있다. 즉 한 사람이 최대 세 표까지 투표가 가능하다. 이런 위임 투표제는 직접 선거라는 선거의 기본 원칙과 반대되기는 하지만 투표율을 높이기 위한 수단이 될 수 있다.

의무 투표제

호주는 민주주의 국가 중 투표율이 가장 높은 나라다. 평균 투표율이 무려 90퍼센트 이상이다. 이는 호주에서는 투표가 의무 사항이기 때문이다. 호주의 18세 이상 시민은 반드시 선거인 명부에 등록해야 한다. 만약 선거인 명부에 등록하지 않거나 투표를 하지 않을 경우에는 벌금 20달러를 부과한다. 이렇게 의무 투표제를 시행하는 나라는 전 세계 32개국으로 브라질, 벨기에, 싱가포르 등이 있다.

알아 두면 좋은 정치 용어

▶**패스트트랙:** 말 그대로 빠른fast 길track로 법안을 처리한다는 뜻이다. 패스트트랙을 통하면 시급한 법안을 다른 일반 법안보다 빠르게 처리할 수 있다. 사실 패스트트랙은 2012년에 개정된 국회법, 이른바 국회 선진화법을 뜻한다. 더 구체적으로는 국회 선진화법상 신속 처리 안건이며, 부르기 쉽게 패스트트랙이라는 용어를 쓰는 것이다.

우리나라는 입법부인 국회와 행정부인 정부가 법안을 발의할 수 있다. 국회의원 300명은 개개인이 하나의 입법 기관이다. 정부 역시 각 부처가 법안을 낼 수 있다.

법안이 발의되면 국회 내 상임위원회(상임위)에 보내진다. 국회의원 10~30명이 모인 상임위가 법률안을 논의한다. 상임위를 통과하면 법제사법위원회로 넘어가 법률안이 헌법에 위배되는지, 형식에 맞는지 등을 심사받는다. 마지막으로 본회의로 올라가 투표로 의결한다. 국회를 통

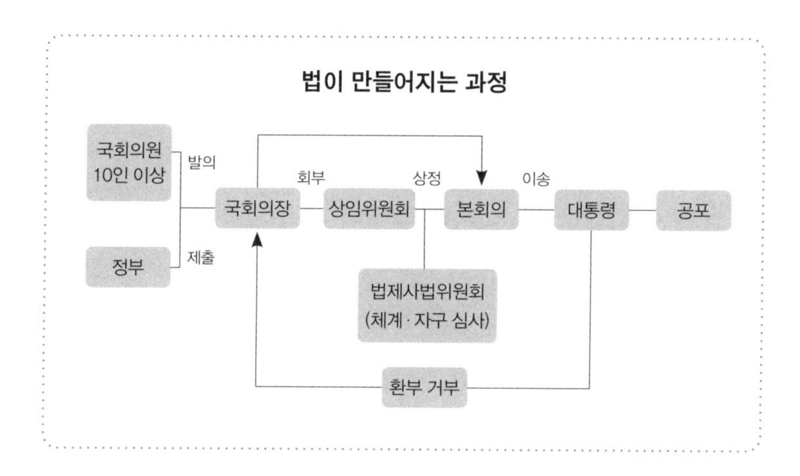

과하면 대통령에게 보내지고 대통령은 법률로서 공포한다.

문제는 이 과정에서 날치기, 물리적 충돌이 빈번하다는 것이다. 정당끼리 편을 가르고 대립하면서 실제 법안 통과는 지지부진하기 일쑤였다. 이런 이유로 18대 국회에서 패스트트랙을 도입했다. 패스트트랙을 따르면 국회의장은 교섭단체 대표(원내대표)와 협의해 법안의 심사 기간을 지정할 수 있다. 소관 위원회가 기한 동안 법률안을 심사하지 못하면 국회의장은 법안을 다른 위원회로 넘기거나 본회의에 부의(토의에 부침)할 수 있다. 따라서 법안 처리가 무한정 늦어지는 것을 막을 수 있다.

국회 선진화법은 다수결의 원칙이 존중되지 않고 물리적 충돌이 일어나는 상황을 막고자 도입했다. 하지만 국회에서 진정한 협치가 이뤄지고 있는지는 여전히 의문이다.

▶**필리버스터:** 우리나라 법은 국회의원이 법안을 '발의'하고 '토론'한 후

'표결'을 통해서 통과 여부가 결정된다. 이때 결정 방식은 다수결 원칙에 따른 투표다. 따라서 수가 많은 다수 정당 의원이 힘으로 법안을 통과시킬 가능성이 늘 존재한다. 소수 의견이 무시될 수 있는 것이다.

이럴 때 소수파 의원이 '합법적'으로 표결을 방해할 수 있는 방법이 필리버스터다. 필리버스터는 토론자가 단상 위에서 토론을 계속 이어 가는 무제한 토론을 말한다. 토론이 끝나지 않으면 다음 단계인 표결이 이뤄지지 않기 때문에 다수파가 법안 채택이나 정책 결정을 할 수 없다. 필리버스터를 시작하면 토론자는 그 자리를 떠날 수 없다. 식사는 물론 화장실도 갈 수 없으며, 단상에서 내려올 경우 다음 토론자가 바로 이어서 토론을 해야 한다.

우리나라는 2012년 국회법 개정 이후부터 일정 조건을 충족하면 필리버스터를 신청할 수 있다. 특정 안건에 대해 국회 재적 의원 중 3분의 1 이상이 요구하면 실시할 수 있고, 토론자가 계속 있으면 최소 24시간은 토론을 보장한다. 필리버스터를 중지시키려면 국회 재적 의원 중 5분의 3 이상이 찬성해야 한다.

투표일은 수요일

우리나라 선거일은 항상 수요일이다. 선거일을 월요일이나 금요일로 하면 주말과 겹쳐 황금 연휴가 되고 투표를 하지 않고 나들이를 가는 사람이 많아진다는 이유다. 화요일이나 목요일도 비슷한 이유로 피한다.

나라별 독특한 선거 문화

▶**이란의 선거 문화:** 우리나라는 투표 시 사방이 천으로 둘러싸인 기표소에 들어가 기표를 한다. 서로 누구에게 표를 던졌는지 묻거나 답해서도 안 된다. 반면 이란의 투표장에는 밀폐된 기표 공간이 없다. 심지어 유권자끼리 그 자리에서 누구를 뽑을지 의논도 한다. 이 같은 공개 투표는 지지 후보자를 밝히거나 묻지 않는 비밀 선거 원칙에 어긋난다. 이란에 성숙한 선거 문화가 자리 잡히지 않았음을 보여 주는 사례라 할 수 있다.

▶**이집트의 선거 문화:** 이집트의 투표용지에는 후보자들의 얼굴 사진이 인쇄되어 있다. 아직까지 이집트는 유권자 중 34퍼센트 정도가 글자를 잘 모르는 문맹자이기 때문이다. 이렇게 높은 문맹률 때문에 투표용지에 그림이나 사진을 넣는 나라는 의외로 많다. 남아프리카공화국과 터키도 투표용지에 후보자의 사진을 인쇄한다. 인도의 투표용지에는 연꽃, 코끼리, 자명종, 코코넛같이 쉽게 접할 수 있는 물건이 각 정당의 상징으로 그려져 있다. 케냐는 2005년 새 법안 찬반 투표에서 찬성하면 바나나 그림에 표시하고, 반대하면 오렌지 그림에 표시하도록 했다.

▶**이탈리아의 선거 문화:** 이탈리아는 투표권을 시민의 권리로 간주해 의무투표제를 폐지했다. 그 대신 투표를 위해 업무 휴식 시간을 3시간 제공하거나 투표에 참여하는 해외 근로자에게 교통비를 지원한다. 이는 투표자의 편의성을 높여줌으로써 투표율을 높이기 위한 방안이다.

▶**일본의 선거 문화:** 우리나라에서는 투표 시 선거관리위원회에서 제공한 도장을 써야 한다. 반면 일본의 참의원 선거는 투표용지에 지지하는 후보자와 정당 이름을 직접 적는다. 이를 자서自書식 투표라고 한다. 이런 자서식 투표는 개표 시간이 길고 비용이 많이 들며, 문맹자는 투표를 할 수 없고, 필적이 남아 비밀 투표가 안 될 수 있다는 단점이 있다. 하지만 일본은 문맹률이 1퍼센트 미만으로 매우 낮고, 부정 선거를 방지할 수 있으며, 자신이 지지하는 후보 이름을 직접 손으로 씀으로써 정치에 대한 관심을 높일 수 있다는 이유로 자서식 투표를 고수하고 있다.

▶**필리핀의 선거 문화:** 필리핀의 선거 문화는 우리나라와 매우 비슷하다. 다른 점은 중복 투표를 방지하기 위해 투표를 마친 사람의 손톱에 푸른색 잉크로 표시를 한다는 것이다. 이 잉크는 지워지는 데 2~3일 정도 걸리기 때문에 손톱을 보면 투표를 했는지 안 했는지를 바로 확인할 수 있다.

[3단계]

우리나라 선거의 역사 알아보기

1940년대

1948. 05. 10 **제헌 국회의원 선거**
- 우리나라 최초의 근대적 민주 선거 실시
- 임기 2년의 국회의원 200명 선출

1948. 07. 17 **제헌 헌법 공포**
- 우리나라 최초의 헌법
- 대통령, 부통령 간선제
- 단원제 국회

1948. 07. 20 **대한민국 초대 대통령·부통령 선거**
- 제헌 국회에서 간접 선거로 실시
- 이승만 초대 대통령 당선

1950년대

1950. 05. 30 **제2대 국회의원 선거**
- 국회의원 선거법 실시
- 임기 4년의 국회의원 210명 선출

1950년대

1950.06.25 **한국전쟁**

1951. 05. 16 **제2대 부통령 선거**
- 초대 부통령 사임으로 새 부통령 선출
- 부산 피난지에서 국회를 열고 선거 실시
- 3차 결선 투표까지 접전 후 김성수 당선

1952. 04. 25 **제1차 시·읍·면의회 의원 선거**
- 전쟁으로 연기되었던 첫 지방 선거 실시
- 서울, 경기도, 강원도 및 계엄령 선포 지역은 미실시

1952. 05. 10 **제1차 시·도의회 의원 선거**
- 최초의 도의회 의원 선거 실시

1952. 07. 04 **제1차 헌법 개정(발췌 개헌)**
- 대통령, 부통령 직선제로 개정
- 양원제 국회(민의원, 참의원)
- 국회, 국무위원 불신임 결의제 도입

1952. 08. 05 **제2·3대 대통령·부통령 선거**
- 최초로 대통령 직선제 실시
- 74.6퍼센트로 이승만 대통령 당선
- 41.3퍼센트로 함태영 부통령 당선

1953. 07. 27 **휴전**

1954. 05. 20 **제3대 국회의원 선거**
- 최초로 입후보 공천제 도입
- 복잡한 국내 정세로 민의원 선거만 실시

1954. 11. 29 **제2차 헌법 개정(사사오입 개헌)**
- 정족수 미달의 헌법 개정안 통과
- 초대 대통령의 3선 출마 허용

1950년대

1956. 05. 15 **제3·4대 대통령·부통령 선거**
- 이승만 대통령 당선, 장면 부통령 당선

1958. 05. 02 **제4대 국회의원 선거**

1960년대

1960. 03. 15 **제4·5대 대통령·부통령 선거**
- 4할 사전 투표, 투표함 바꿔치기 등 부정 투표 논란
- 이승만 대통령 당선, 이기붕 부통령 당선
- 3·15 부정 선거로 4·19 혁명 촉발

1960. 04. 19 **4·19 혁명**

1960. 06. 15 **제3차 헌법 개정**
- 내각 책임제 도입
- 지방자치 제도 실시, 기본권 강화
- 양원제 국회
- 헌법재판소 신설

1960. 06. 23 **우편 투표 방식의 부재자 투표 제도 도입**

1960. 07. 29 **제5대 국회의원 선거**
- 최초로 양원을 구성한 국회의원 선거
- 중앙선거위원회가 출범 이후 처음 관리한 공직 선거

1960. 08. 12 **제4대 대통령 선거**
- 제4·5대 대통령·부통령 선거 무효로 실시
- 간선제로 윤보선 당선

1960. 11. 29 **제4차 헌법 개정**
- 3·15 부정 선거 관련자 처벌을 위한 소급입법 개헌

1960. 12. 29 **서울 시장·도지사 선거**
- 임명제였던 서울 시장·도지사를 직접 선거로 선출
- 자서제식 투표로 38.8퍼센트라는 역대 최저 투표율 기록

1960년대

1961. 05. 16 **5·16 군사 정변**

1962. 12. 17 **제1회 국민 투표**
- 제5차 헌법 개정안 찬반 투표
- 내각 책임제에서 대통령 중심제로 변경
- 비례 대표제 도입

1963. 01. 16 **국회의원 비례 대표제 도입**

1963. 01. 21 **중앙선거관리위원회 창설**

1963. 10. 15 **제5대 대통령 선거**
- 정당의 공천 의무화
- 46.6퍼센트로 박정희 당선

1967. 05. 03 **제6대 대통령 선거**
- 51.4퍼센트로 박정희 연임

1969. 10. 17 **제2회 국민 투표**
- 제6차 헌법 개정안 찬반 투표
- 대통령 3선 금지 조항 철폐

1970년대

1971. 04. 27 **제7대 대통령 선거**
- 박정희와 김대중 경합
- 박정희 3선 당선

1972. 11. 21 **제3회 국민 투표**
- 제7차 헌법 개정안 찬반 투표
- 대통령 간선제 채택 및 임기 6년 연장
- 대통령 중임·연임 제한 규정 철폐

1972. 12. 23 **제8대 대통령 선거**
- 유신 헌법 개정
- 박정희 4선 당선

1970년대

1973. 02. 27 **제9대 국회의원 선거**
- 유신 체제하 선거 실시
- 중선거구제 도입

1975. 02. 12 **제4회 국민 투표**
- 유신 헌법, 박정희 신임 찬반 투표

1978. 07. 06 **제9대 대통령 선거**
- 박정희 단일 후보로 당선

1979. 10. 26 **박정희 피살**

1979. 12. 06 **제10대 대통령 선거**
- 최규하 권한대행 단일 후보로 당선

1979. 12. 12 **12·12 사태**
- 전두환, 노태우 중심의 신군부세력 쿠데타

1980년대

1980. 08. 27 **제11대 대통령 선거**
- 최규하 재임 8개월 만에 사임
- 전두환 단일 후보로 당선

1980. 10. 22 **제5회 국민 투표**
- 제8차 헌법 개정안 찬반 투표
- 대통령 간선제, 7년 단임제 채택
- 국회의원 비례 대표제 채택

1981. 02. 25 **제12대 대통령 선거**
- 90.2퍼센트로 전두환 2선 당선

1985. 02. 12 **제12대 국회의원 선거**
- 대통령 직선제 개헌 쟁점화
- 신한민주당 거대 야당화

1987. 04. 13 **4·13 호헌 조치**

1980년대

1987. 06. 10 **6월 민주 항쟁**
- 대통령 직선제와 민주화 요구 운동

1987. 10. 27 **제6회 국민 투표**
- 제9차 헌법 개정안 찬반 투표
- 대통령 직선제 부활
- 대통령 5년 단임제 채택

1987. 12. 16 **제13대 대통령 선거**
- 36.6퍼센트로 노태우 당선

1988. 04. 26 **제13대 국회의원 선거**
- 소선거구제 부활
- 최초로 여소야대 정국 형성

1990년대

1991. 03. 26 **시·군·구의회 의원 선거**
- 지방자치 제도 부활
- 투표율 55퍼센트, 친여 성향 후보자 대거 당선

1991. 12. 31 **대담·토론 방송 허용, 정당 연설회 부활**

1992. 11. 11 **방송 광고를 이용한 선거 운동 도입**

1992. 12. 18 **제14대 대통령 선거**
- 김영삼, 김대중, 정주영 3자 대결
- 최초로 부재자 투표소 운영
- 42퍼센트로 김영삼 당선

1994. 03. 16 **공개 장소 연설·대담, 선거 비용 보전 제도 도입**

1995. 06. 27 **제1회 전국 동시 지방 선거**
- 4개 지방 선거 동시 실시
- 완전한 지방자치 제도 실시
- 투표 안내문 발송 시작

1990년대

1995. 12. 30 **출구 조사 발표 합법화**

1997. 12. 18 **제15대 대통령 선거**
- 최초로 선거에 의한 여야 간 수평적 정권 교체
- 40.3퍼센트로 김대중 당선

2000년대

2000. 04. 13 **제16대 국회의원 선거**
- 시민단체의 낙천·낙선 운동 전개
- 선거 부정 감시단 제도 도입
- 장애인 유권자 편의 제도 도입
- 후보자 전과, 병역, 납세 실적 정보 공개

2002. 06 13 **제3회 전국 동시 지방 선거**
- 광역의원 선거에 비례 대표 투표지 첫 등장
- 투표지 분류기를 이용한 개표
- 48.9퍼센트로 사상 최저 투표율

2002. 12. 19 **제16대 대통령 선거**
- 온라인 정치 문화 활성화
- 49퍼센트로 노무현 당선

2004. 04. 15 **제17대 국회의원 선거**
- 국회의원 비례 대표제 도입
- 과태료, 포상금, 예비 후보자 제도 등 도입
- 사이버 선거 부정 감시단 신설

2004. 07. 30 **주민 투표 도입**

2005. 08. 04 **선거권 연령 만 19세로 하향 조정**

2006. 05. 24 **주민 소환 투표 도입**

2007. 12. 19 **제17대 대통령 선거**
- 네거티브 선거 운동 논란
- 48.7퍼센트로 이명박 당선

2010년대

2010. 06. 02 **제5회 전국 동시 지방 선거**
- 교육감 선거 등 8개 선거 동시 실시
- 재외국민에게 선거권, 피선거권 부여
- 여성 후보자 의무 추천제 도입

2012. 04. 11 **제19대 국회의원 선거**
- 국회의원 정수 300명으로 증가
- SNS로 선거 환경 변화

2012. 12. 19 **제18대 대통령 선거**
- 투표함을 강화 플라스틱함으로 변경
- 51.5퍼센트로 박근혜 당선

2014. 06. 04 **제6회 전국 동시 지방 선거**
- 4·16 세월호 참사 발생
- 전국 단위 사전 투표제 실시
- 순환 배열식 교호 투표용지 도입

2017. 03. 10 **박근혜 대통령 탄핵**

2017. 05. 09 **제19대 대통령 선거**
- 41퍼센트로 문재인 당선

2020. 04. 15 **제21대 국회의원 선거**
- 선거권 연령 만 18세로 하향 조정
- 준연동형 비례 대표제 도입

2022. 03. 09 **제20대 대통령 선거**

교과 연계표

· 중학교 사회 1

Ⅸ. 정치 생활과 민주주의

01. 정치와 정치 생활
02. 민주주의의 이념과 민주 정치의 기본 원리
03. 민주주의 구현을 위한 정부 형태

Ⅹ. 정치 과정과 시민 참여

01. 정치 과정과 정치 주체
02. 선거의 이해
03. 지방자치 제도와 시민 참여

Ⅶ. 사회 변동과 사회 문제

01. 현대 사회의 변동
02. 한국 사회의 변동
03. 현대 사회 문제

· 고등학교 통합 사회

Ⅵ. 사회 정의와 불평등

01. 정의의 의미와 기준
02. 다양한 정의관의 특징과 사례
03. 사회 및 공간 불평등 현상과 정의로운 사회

· 고등학교 법과 정치

Ⅰ. 민주 정치와 법

01. 정치의 의미와 법치주의
02. 민주 정치의 발전
03. 우리나라 민주 정치

Ⅱ. 민주 정치의 과정과 참여

01. 정부 형태와 정치 제도
02. 정당과 선거 제도
03. 정치 참여의 의의와 유형

Ⅲ. 헌법의 기본 원리

01. 헌법의 의의와 원리
02. 기본권의 보장과 제한
03. 국가 기관의 구성과 기능

Ⅵ. 국제 사회의 법과 정치

01. 국제 사회와 국제 문제

10대를 위한 정치 토크

: 내 손으로 바꾸는 정치 설명서

초판 1쇄 2020년 3월 20일
초판 3쇄 2022년 12월 16일

지은이 승지홍

펴낸이 김한청
기획편집 원경은 김지연 차언조 양희우 유자영 김병수 장주희
마케팅 최지애 현승원
디자인 이성아 박다애
운영 최원준 설채린

펴낸곳 도서출판 다른
출판등록 2004년 9월 2일 제2013-000194호
주소 서울시 마포구 양화로 64 서교제일빌딩 902호
전화 02-3143-6478 **팩스** 02-3143-6479 **이메일** khc15968@hanmail.net
블로그 blog.naver.com/darun_pub **인스타그램** @darunpublishers

ISBN 979-11-5633-282-4 43300